Gottfinder

Dichter-Bekehrungen durch die Jahrhunderte

Vierzehn Dichterporträts

Matthias Hilbert

Gottfinder

Dichter-Bekehrungen durch die Jahrhunderte

Vierzehn Dichterporträts

Matthias Hilbert

Steinmann

1. Auflage

Covergestaltung: Gabriel Steinmann, München
Coverfoto: Asmus Steinmann, Soltau
Herstellung: BoD – Books on Demand GmbH, Norderstedt
Printed in Germany

ISBN 978-3-927043-83-1

Meinen Kindern

Michael, Stefanie und Mike

gewidmet

INHALTSVERZEICHNIS

Vorwort

Wie schon in dem Band *Gottsucher* werden auch in *Gottfinder* bedeutende protestantische und katholische Dichter des 20. Jahrhunderts porträtiert. Unter ihnen befinden sich die Literaturnobelpreisträger Francois Mauriac, T. S. Eliot und Sigrid Undset. Gleichzeitig werden aber auch namhafte Autoren aus früheren Jahrhunderten vorgestellt, von denen zwei – Augustinus und Jung-Stilling – wegweisende Meisterwerke früher Autobiografie verfassten, während das „Jahrhundertgenie" Pascal mit seinen *Pensées* philosophischen und theologischen Reflexionen Ausdruck verlieh, die bis heute ihre Leserinnen und Leser herausfordern und inspirieren.

Dass die vorgestellten Dichterinnen und Dichter nach ihrer Bekehrung bestrebt waren, dem Klang des Evangeliums auch in ihrem Werk eine Stimme zu verleihen, überrascht nicht. Denn das existentielle Angesprochensein von Gott war für sie weder eine Randnotiz noch eine akademisch-philosophische Angelegenheit, über die sich unverbindlich diskutieren ließe, sondern dieses Angesprochensein von Gott war für sie ein zutiefst erschütterndes Ereignis. Was dieses Ereignis für sie jeweils bedeutete – hinsichtlich der Konsequenzen, die sich daraus ergaben –, das wird in diesem Buch dargestellt. Es werden allerdings auch Dichterwege zu Gott aufgezeigt, für die nicht ein bestimmter Ort oder Zeitpunkt ausschlaggebend war, sondern die – von einer gewissen Kontinuität geprägt – durch ein christliches Elternhaus ihren Ausgangspunkt nahmen.

So beschreibt dieses Buch ganz unterschiedliche Weisen der *Gottfindung*, die Dichterpersönlichkeiten dazu bewog, das Wagnis des Glaubens einzugehen und aus der erfahrenen Kraft und Orientierung dem eigenen Leben eine neue Ausrichtung zu geben. Doch weil es dabei um einen dynamischen, letztlich nicht erklär- und verfügbaren Prozess geht, könnte man die vorstehende Aussage auch umkehren und feststellen, dass sich die in dem Buch porträtierten Autorinnen und Autoren von *Gott* haben *finden lassen* und seinem Anruf nicht ausgewichen sind, sondern sich ihm gestellt haben. Was für sie einen Perspektiv- und Paradigmenwechsel zur Folge hatte, verbunden mit der beglückenden Erfahrung, von der Augustinus berichtet, wenn er schreibt: „Ruhelos ist unser Herz, Herr, bis es ruht in dir". – Wie wechselvoll Lebenswege allerdings auch verlaufen können, zeigt das Beispiel Reinhold Schneider.

Es geht in *Gottfinder* also um das lebendige und differenzierte Bild von Dichterinnen und Dichtern, die Gott begegnet sind – von ihren biographischen Entwicklungen bis hin zu ihren spezifischen Prägungen, und zwar unter besonderer Berücksichtigung ihres Glaubens sowie ihrer Glaubensentwicklung, aber auch bezüglich der Art und Weise, wie das *Neue Sein* vor Gott Ausdruck gefunden hat in ihrem dichterischen Werk.

Immer wieder kommen die Protagonisten selbst zu Wort. Insofern ist auch die Vernetzung ihrer Selbstaussagen mit meinem Text integrativer Bestandteil der einzelnen Porträts.

Matthias Hilbert

Augustinus:
Radikale Lebenswende eines Lebemannes

Aurelius Augustinus (354-430) – einer der bedeutendsten Theologen der frühen Kirche und später als „Kirchenvater“ bezeichnet – war in seinen jungen Jahren das, was man einen „Lebemann“ nennen könnte. Als hochbegabter Lehrer der Rhetorik, der von Ruhm und weltlicher Ehre träumte und der in religiösen Dingen ein Ketzer und Skeptiker war, erfuhr er eines Tages eine radikale Lebenswende hin zu einem überzeugten Christen. Wie es zu dieser folgenreichen Bekehrung kam, das hat Augustinus selbst in seinem vielgelesenen Werk *Confessiones (= Bekenntnisse)* ausführlich beschrieben. Literaturgeschichtlich betrachtet, ist es wohl die erste bedeutsame Autobiografie überhaupt, die zugleich von einem hohen Maß an psychologischer und theologischer Reflexion durchdrungen ist.

Das Buch selbst ist in der Form eines persönlichen Gesprächs mit Gott verfasst. Doch wendet sich Augustinus nicht nur an ein göttliches Du, dessen vielfältige Gnade, Bewahrung und Führung er sich in seinem bisherigen Leben staunend vergegenwärtigt, sondern der Autor will zugleich anhand seiner eigenen Lebensgeschichte vor den Lesern ein Zeugnis davon ablegen, wie ein verirrtes, mit Sünden beladenes Leben von Gott wieder in Ordnung gebracht und verwandelt werden kann. Beginnen aber kann Augustinus seine „Bekenntnisse“ nur mit Lob und Anbetung, indem er einleitend ausführt: „Groß bist du, Herr, und höchsten Lobes würdig. Groß ist deine Macht, und deine Weisheit hat keine Grenze. Und dich will loben ein Mensch (...), der seine Sterblichkeit mit sich herumschleppt, das Zeugnis seiner Sünde und das Zeugnis, das du den Überheblichen widerstehst. (...) Du treibst ihn an, dass er seine Freude daran finde, dich zu loben, denn auf dich hin hast du uns gemacht, und unruhig ist unser Herz, bis es ruht in dir.“

Geboren wird Augustinus am 13. November 354 in der kleinen nordafrikanischen Stadt Thagaste, die in der römischen Provinz Numidien (im heutigen Algerien) liegt. Sein Vater Patricius ist Besitzer eines kleinen Landguts und gehört dem örtlichen Magistrat an. In religiösen Dingen ist er eher gleichgültig. Erst kurz vor seinem frühen Tod im Jahr 371 lässt er sich taufen und in die katholische Kirche aufnehmen. Zur großen Freude seiner Frau Monika, die eine eifrige, fromme Christin ist. Durch sie wird Augustinus christlich erzogen. Dass auch er eines Tages – so wie sie – Christus liebgewinnt und ihm bewusst nachfolgt, das ist ihr sehnlichster Wunsch. Dafür betet sie unter Tränen Tag und Nacht.

Im Verlauf seines Studiums lernt Augustinus *Hortensius*, ein Werk des römischen Philosophen Cicero, kennen. Es erweckt in ihm den Wunsch, nicht mehr eitlen, vergänglichen Zielen nachjagen zu wollen, sondern nach philosophischer Weisheit und Erkenntnis zu streben. Dabei gerät er in die Fänge der Manichäer. Der Manichäismus ist eine synkretistisch-esoterische Weisheitsreligion, die Elemente aus dem Christentum mit denen anderer Religionen vermischt. Sie geht auf den Perser Mani zurück, nach dessen Ansicht sich im gesamten Kosmos zwei Grundprinzipien gegenüberstehen: ein gutes und ein böses Prinzip. Anfangs war Augustinus vom Manichäismus fasziniert. Dann bedrängten ihn aber immer größere Zweifel an dem Wahrheitsgehalt dieser Lehre.

Neun Jahre lebte Augustinus in Karthago, anfangs als Student, dann als Rhetoriklehrer. Seine Bilanz: „Während dieser neun Jahre (...) verbrachte ich mein Leben in wechselnden Leidenschaften als Verführter und Verführer, als Betrogener und Betrüger (...), hier wie dort aber voll leerer Eitelkeit."

Im Jahr 383 wechselt der bald dreißigjährige Rhetorik-Dozent dann von Karthago nach Rom, um schon ein Jahr später eine ehrenvolle kaiserliche Professur in Mailand anzutreten. Dort ist der weit über die Stadt hinaus bekannte Ambrosius Bischof. Neugierig lauscht Augustinus den kraftvollen Predigten des Kirchenmannes. „Während ich", so Augustinus, „mein Herz öffnete, um aufzunehmen, wie beredt er war, fand zugleich auch Einlass zu ihm, wie wahr er sprach, freilich erst nach und nach. (...) In dieser Periode zweifelnder Ungewissheit hielt ich es nicht für ratsam, weiterhin in dieser Sekte (gemeint sind die Manichäer; M.H.) zu verbleiben."

Die Abwendung vom Manichäismus war nicht zuletzt auch durch Augustinus' Beschäftigung mit neuplatonischen Philosophen – wie etwa Plotin – vorbereitet worden. Plotin hatte u. a. gelehrt, dass „alles, was ist, durch das Eine (existiert). Das gilt für das zuerst Seiende genauso wie für alles, was irgendwie als existierend bezeichnet wird". Diese Vorstellung von Gott war für Augustinus schlüssiger als die konstruierte und spekulativ dualistische Gotteslehre der Manichäer und bildete für ihn so etwas wie eine Brücke zum Verständnis des biblischen Gottesbildes. Eine befriedigende Antwort auf die Wahrheits- und Erlösungsfrage aber und wie er zur Vergebung und Befreiung seiner Sünden gelangen könnte, vermochten auch die Neuplatoniker ihm nicht zu geben. „Ich lehnte es jedoch", so Augustinus, „ganz entschieden ab, diesen Philosophen die Errettung meiner dürstenden Seele zu überantworten, weil ich bei ihnen den Namen ‚Christus', ‚Erretter', vermisste. Daher entschloss ich mich, so lange als Katechumene in der mir von den Eltern empfohlenen christlichen Kirche zu verbleiben, bis ich klare Gewissheit gewönne über das Ziel, dem ich dann zusteuern würde."

Augustinus besucht nun oft die Kirche und forscht selbst in der Bibel. Zum großen Segen wird ihm besonders die Beschäftigung mit den Briefen des Apostels Paulus: „All die Probleme verschwanden, in denen ich einmal geglaubt hatte, dass er sich widerspreche oder dass seine Predigttexte mit den Zeugnissen des Gesetzes und der Propheten nicht übereinstimmten. Diese reinen Aussprüche zeigten mir jetzt ein einheitliches Gesicht, und ich lernte, mit Zittern zu jubeln." Durch Paulus wird Augustinus auf die Gnade Gottes verwiesen.

Als ihm eines Tages der Priester Simplicianus, Vertrauter und späterer Nachfolger des Ambrosius, davon berichtet, wie der gefeierte römische Rhetor und neuplatonische Philosoph Marius Victorinus im hohen Alter sich zum Christentum bekehrt und öffentlich zu Christus bekannt, ja sogar sein Rhetorenamt seines Glaubens wegen aufgegeben habe, macht das einen großen Eindruck auf Augustinus. Immer stärker wächst in ihm das Verlangen, auch selbst den Frieden seiner Seele durch Christus zu erlangen und sein Leben dem Gottessohn zu übergeben. Aber müsste er dann nicht sein ungehemmtes Karrierestreben, seine eitle Ehrsucht sowie sein sexuell-freizügiges Leben aufgeben? Noch hat er nicht die Kraft dazu. Es ist fast so, als ob er, der inzwischen von der im Christentum liegenden Wahrheit überzeugt ist, auf den Anruf Christi schläfrig antworten würde: „‚Gleich', ‚Ja, gleich!', ‚Warte noch ein bisschen!' Aber das ‚Gleich, gleich!' kam nie gleich, und das ‚Warte noch ein bisschen' zog sich in die Länge."

Da besucht ihn eines Tages sein nordafrikanischer Landsmann Pontician, der ein hoher Beamter am kaiserlichen Hof und entschiedener Christ ist. Er erzählt von dem ägyptischen Einsiedler Antonius und berichtet von zwei seiner eigenen Kollegen, die vor einiger Zeit ihr Hofamt aufgegeben hatten, um fortan in einer kleinen mönchischen Gemeinschaft zu leben und ein gottgeweihtes Leben zu führen. Augustinus ist von dem Gehörten zutiefst aufgewühlt. Große Scham ergreift ihn wegen seiner Hinhaltetaktik gegenüber dem Anruf und Anspruch Jesu. Aber immer noch hat er Angst, „befreit zu werden vom Fluss des Gewohnten".

Unter einen Feigenbaum im Garten des Wohnhauses wirft er sich nieder und klagt Gott unter Tränen seine Sündennot und seinen Zwiespalt. Da hört er mit einem Male eine Kinderstimme im Singsang mehrmals die Worte rufen: „Nimm und lies!" Augustin eilt zu dem Ort zurück, wo er ein Buch mit den Briefen des Paulus hinterlegt hatte, und schlägt es aufs Geratewohl auf. Sein Blick fällt auf Römer 13,13f: „Nicht in Fressen und Saufen, nicht in Unzucht und Ausschweifung, nicht in Hader und Eifersucht; sondern zieht an den Herrn Jesus Christus und sorgt für den Leib nicht so, dass ihr den Begierden verfallt." Die Antwort Gottes! Augustinus fühlt sich wie befreit. Seine Zweifel und Vorbehalte sind verschwunden.

Er löst sich von seiner Geliebten, die nach der Trennung von seiner ersten Konkubine bei ihm war, und gibt sein Lehramt auf. Gemeinsam mit seinem Sohn Adeodatus lässt er sich von Ambrosius taufen. Mit anderen gleichgesinnten Freunden lebt er in einer christlich-kommunitären Gemeinschaft. Zunächst auf einem Landgut vor den Toren Mailands, dann in seiner Vaterstadt Thagaste. Gebet, geistlicher Austausch mit seinen Freunden, Studium der Bibel und anderer ihm wichtig erscheinender Schriften bestimmen den Tagesablauf. Schon früh verfasst er theologische Werke. Den christlichen Glauben sowohl Christen wie Nichtchristen zu erklären und darzustellen, das ist ihm sein Leben lang ein großes Anliegen.

391 wird Augustinus in der nördlich von Thagaste gelegenen Provinzstadt Hippo Regius zum Priester geweiht. Nur wenige Jahre später beruft man ihn zum Bischof. Seine Gelehrsamkeit und Beredsamkeit, seine vorbildliche Frömmigkeit und sein seelsorgerlich ausgerichtetes Dienstverständnis lassen ihn im Laufe der Zeit zu einer Führungsfigur innerhalb der katholischen Kirche Nordafrikas werden. Am Ende seines Lebens muss er miterleben, wie die Vandalen plündernd durch die römischen nordafrikanischen Provinzen ziehen. Dann stehen sie im Sommer 430 vor Karthago. Noch während sie die einst so mächtige Stadt belagern, stirbt in ihren Toren Augustinus, geschwächt von Alter und Krankheiten.

Augustinus wusste aus eigener Erfahrung nur zu gut um die Bosheit und Sündhaftigkeit des menschlichen Herzens. Er hat diesen Zustand einmal so vor Gott ausgesprochen: „Der Mensch ist sich selbst ein gewaltiger Abgrund. (...) Seine Haare lassen sich leichter zählen als seine Triebe und die Regungen seines Herzens.“ Aber Augustinus hatte auch erleben dürfen, dass Gott dem, der sich ihm vorbehaltlos zuwendet, die Schuld und Sünden vergibt und ihn innerlich zu erneuern vermag.

Dennoch bleibt auch der Christ während seiner irdischen Pilgerschaft ein angefochtener, ein mancherlei Versuchungen ausgesetzter Mensch. Umso mehr drängt es Augustin, Gott anzubeten für die Sendung und das Erlösungswerk seines Sohnes: „Wie sehr hast du uns geliebt, guter Vater. Du hast deinen einzigen Sohn (...) hingegeben für uns Sünder. (...) Für uns war er zugleich Sieger und Opfer vor dir. (...) Zu Recht setze ich meine feste Hoffnung auf ihn, dass du durch ihn alle meine Schwächen heilst, auf ihn, der zu deiner Rechten sitzt und für uns eintritt. Sonst müsste ich verzweifeln. Denn meine Schwächen sind zahlreich und groß, in der Tat, zahlreich sind sie und groß. Aber größer ist deine heilende Macht.“ Und wenn dann der gläubige Christ sein ewiges Ziel erreicht hat und er in die Herrlichkeit Gottes aufgenommen wird, dann, so Augustinus, „werden wir feiern und schauen, schauen und lieben und lieben, lieben und preisen. Ja, das wird das Ende ohne Ende sein.“

Literatur- und Quellennachweis

Aland, Kurt: Von Jesus bis Justinian. Die Frühzeit der Kirche in Lebensbildern. Gütersloh 1981

Augustinus: Bekenntnisse. Mit einer Einleitung von Kurt Flasch. Stuttgart 2008

Melchers, Achim: Mutter hilft bei der Bekehrung. Vor 1600 Jahren: Augustinus in Hippo. In: WAZ v. 16.5.1992

Rorem, Paul: Ein aktueller Kirchenvater. Augustinus, ein früher Ketzer, wurde vor 1.600 Jahren in Nordafrika zum Bischof geweiht. In: ideaSpektrum 48/1995

Rosen, Klaus: Augustinus. Genie und Heiliger. Darmstadt 2017 (2., korrigierte Auflage)

Schmidbaur, Hans Christian: Augustinus begegnen. Augsburg 2003

Steinacker, Hans: „Nimm und lies“. Vor 1.600 Jahren erschienen die „Bekenntnisse“ des Kirchenvaters Augustin. In: ideaSpektrum 3/1998

Wehr, Gerhard: Aurelius Augustinus. Größe und Tragik des umstrittenen Kirchenvaters. Gütersloh 1979

Wien, Ludwig: „Gott ist am Ende jedes Weges. Vor 1.550 Jahren starb Augustinus von Hippo. In: Die Gemeinde 34 u. 35/1980

Paul Claudel:
Ein Erlebnis in Notre Dame veränderte sein Leben

Paul Claudel gehörte bis Anfang der 60er Jahre des vergangenen Jahrhunderts zu den Koryphäen der französischen Dichtung. Der Dramatiker Eugéne Ionesco bezeichnete ihn gar als den „größten Dichter des zwanzigsten Jahrhunderts: nicht nur durch hohe literarische Qualitäten, eine unvorstellbare Kraft des Ausdrucks, eine tragische Größe (...), sondern (und vielleicht vor allen Dingen) durch seine Macht, die Worte wieder an ihren genauen Platz in der Hierarchie der Weltordnung zu setzen". In den letzten Jahren seines Lebens fand sich Claudel – Mitglied der Académie Francaise seit 1946 – regelmäßig auf der Kandidatenliste für den Literaturnobelpreis. Er musste dann aber 1952 erleben, dass am Ende nicht er, sondern sein gleichfalls vom Katholizismus geprägter Landsmann Francois Mauriac dieser Ehre gewürdigt wurde. Knapp zwanzig Jahre später wurde Claudel dann im Verlauf der Kulturrevolution der „68er" als Relikt einer vergangenen Epoche verhöhnt. Seitdem drohen die Werke dieses bedeutenden Dramatikers mehr und mehr in Vergessenheit zu geraten.

Paul Claudel wird am 6. August 1868 im ländlichen Villeneuve, das zum Departement Aisne gehört, geboren. Sein Vater ist Steuereinnehmer. Um den Kindern eine gute Schulbildung zu ermöglichen, lässt sich die Mutter mit ihren drei Kindern in Paris nieder, während der Vater in der näheren Umgebung der Metropole tätig ist. Nach seinem Abitur studiert Paul Jura und Staatswissenschaften. Die Jahre, die er als Pubertierender auf dem Gymnasium verbrachte, und die Jahre, die er als Student durchlebte, waren für ihn keine leichte Zeit. Romain Rolland, Schulkamerad und Freund Claudels, empfand ihn zu der Zeit als „sehr unausgeglichen" und bescheinigt ihm eine „heftige Natur von leidenschaftlicher, zuweilen übersteigerter Empfindsamkeit". Was nicht verwunderlich ist. Denn in dem verschlossenen, mürrischen jungen Menschen gärt und arbeitet es nur all zu sehr. Er ist voll innerer Unruhe und Auflehnung – „führte", wie er später bekennt, „ein unmoralisches Leben und verfiel nach und nach in einen Zustand der Verzweiflung."

Die damals vorherrschenden Geistesbewegungen des Positivismus und des Determinismus und die mit ihnen allzu oft einhergehende Haltung des Materialismus und der Wissenschaftsgläubigkeit üben zwar ihren Einfluss auf Claudel aus, genügen ihm aber nicht als Antwort auf die Grundfragen des Lebens. Hinzu kommt sein Skeptizismus in Glaubensdingen, nicht zuletzt hervorgerufen durch das bibelkritische Buch über das „Leben Jesu", das sein ehemaliger Gymnasiallehrer Ernest Renan verfasst hatte und das damals viel Aufsehen erregte. Unbefriedigt sucht Claudel weiter. Innerlich fühlt er sich zu den Anarchisten hingezogen. Dabei geht es ihm doch in Wirklichkeit um ein – scheinbar aussichtsloses, unerfüllbares – Verlangen nach Wahrheit, nach Sinn, nach verlässlicher Orientierung: nach Halt.

Achtzehn Jahre ist Paul Claudel alt, da widerfährt ihm ein besonderes spirituelles Erlebnis. Nur zu gut und bis in jede Einzelheit hinein erinnert er sich gut 26 Jahre später bei der Niederschrift jener „Damaskusstunde", die ihm am 25. Dezember 1886 bei einem Weihnachtshochamt in Notre-Dame-de-Paris zuteilgeworden war: „Damals fing ich zu schriftstellern an und hatte die Vorstellung, ich könnte in den katholischen Zeremonien, die ich mit dünkelhaftem Dilettantismus betrachtete, ein geeignetes Reizmittel und den Stoff für ein paar dekadente Übungen finden. In dieser Stimmung wohnte ich (...) dem Hochamt mit mäßigem Vergnügen bei. Dann, da ich nichts Besseres zu tun hatte, kam ich zur Vesper wieder hin. Die Knaben der Singschule in weißen Gewändern sangen gerade, und die Schüler des kleinen Seminars Saint-Nicolas-du-Chardonnet, die ihnen dabei zur Seite standen, hatten eben, wie ich später erfuhr, das ‚Magnificat' angestimmt. Ich selbst stand unter der Menge in der Nähe des zweiten Pfeilers am Choranfang. (...) Da nun vollzog sich das Ereignis, das für mein ganzes Leben bestimmend sein sollte. In einem Nu wurde mein Herz ergriffen, *ich glaubte*. Ich glaubte (...) mit einer so starken Überzeugung, mit solch unbeschreiblicher Gewissheit, dass keinerlei Platz auch nur für den leisesten Zweifel offenblieb, dass von diesem Tage an alle Bücher, alles Klügeln, alle Zufälle eines bewegten Lebens meinen Glauben nicht zu erschüttern, ja auch nur anzutasten vermochten. Ich hatte plötzlich das durchbohrende Gefühl der Unschuld, der ewigen Kindschaft Gottes, einer unaussprechlichen Offenbarung. (...) *Es ist wahr! Gott existiert, er ist da. Es ist jemand, es ist ein ebenso persönliches Wesen wie ich! Er liebt mich, er ruft mich."*

Als Claudel nach dem Gottesdienst in seine Wohnung zurückgekehrt ist – „durch die regennassen Straßen, die mir nun ganz fremd vorkamen" – greift er nach einer protestantischen Bibel. „Und zum ersten Mal", so schreibt er weiter, „vernahm ich den Klang jener sanften und doch unbeugsamen Stimme, die seither unablässig in meinem Herzen nachhallt. Ich kannte lediglich durch Renan die ‚Geschichte Jesu', (...) jedes Wort, jede Zeile widerlegte mit einer überlegenen Schlichtheit die schamlosen Behauptungen des Abtrünnigen und entsiegelte mir die Augen."

Und doch: Wenn auch der 18-Jährige in Notre-Dame eine ihn überwältigende Offenbarung erlebt hatte, so war er sich doch in demselben Moment bewusst, dass ihm noch ein „Kampf“ bevorstehe – solange wenigstens, bis er ganz von Gott überwunden sein würde: „Ein neues, gewaltiges Wesen mit schrecklichen Forderungen an den jungen Menschen und Künstler, der ich war, hatte sich offenbart; doch ich verstand nicht, es mit irgendetwas von dem, was mich umgab, in Einklang zu bringen. (...) Was meinen Ansichten und Neigungen am meisten widersprach, gerade das sollte wahr sein, gerade damit sollte man sich wohl oder übel zurechtfinden. Ach! Dann aber wenigstens nicht, ohne dass ich nicht alles, was in meiner Macht stünde, an Widerstand aufzubieten versucht hätte. – Der Widerstand hat vier Jahre lang gedauert. (...) Alle Verteidigungsmöglichkeiten wandte ich an und musste dennoch eine nach der andern meiner Waffen strecken, (...) Es war die große Krise meines Lebens, jene geistige Auseinandersetzung auf Leben und Tod.“ In der vier lange Jahre dauernden „Widerstandsphase“ betreibt Claudel privatim ein Studium der Theologie, liest Pascal, Bossuet, Dante, Aristoteles' *Metaphysik*, Kempes *Nachfolge Christi* ... Regelmäßig nimmt er am Leben der Kirche teil. Die Kommunion einzunehmen, wagt er jedoch nicht. Bis er schließlich genau vier Jahre nach jener ihm widerfahrenen Offenbarung am gleichen Weihnachtstag und in derselben Kirche Notre-Dame-de-Paris das Sakrament zu sich nimmt. Damit ist sein geistiger Kampf abgeschlossen, sein Widerstand gebrochen.

Auch beruflich war es 1890 für Claudel zu einer Weichenstellung gekommen. Sein Studium der Staatswissenschaften – und nebenbei der Orientalischen Sprachen (Japanisch und Chinesisch) – hatte er abgeschlossen. Eigentlich dachte er nun an eine Dolmetschertätigkeit in Fernost, entschied sich dann jedoch für den Eintritt in den diplomatischen Dienst. Es sollte der Beginn einer glanzvollen Laufbahn für das *Quai d'Orsay* sein, die Claudel in viele Länder rund um den Globus führte.

Als politischer Staatsbeamter der laizistisch geprägten Dritten Französischen Republik, die in ihrer religionskritischen Grundhaltung 1900 die konsequente Trennung von Staat und Kirche vollzog, dient der tiefgläubige Claudel seinem Land loyal. Doch in seinem schriftstellerischen Werk stellt sich der Diplomat gegen den Zeitgeist und strebt – ganz im Sinne der literarischen Erneuerungsbewegung „Renouveau catholique“ – eine Ausrichtung und Durchdringung der französischen Kultur und Gesellschaft auf dem Boden katholischen Glaubens, katholischer Wertvorstellungen an. Nichts kann für Claudel der christlichen Botschaft und Wahrheit gleichkommen. Erst recht nicht irgendwelche abstrusen philosophischen Gedankengebäude, die von den Intellektuellen seiner Epoche blindlings und kritiklos übernommen wurden. „Wie trostlos", schreibt er einmal André Gide, „sind doch die Bücher und Zeitschriften, die man in die Hand bekommt! Bis zu welchem Grad von Schwäche und Albernheit ist doch diese Intelligenz herabgesunken, die so stolz ist auf sich selbst, und woran findet sie ihr Vergnügen! Irgendein Mensch ohne Tugend, ohne Talent, ohne Verstand (...) kommt auf eine Idee, eine einzige armselige Idee, die noch so absurd, noch so abstoßend sein kann, und nichts spricht für ihn, als der Ekel und die Verzweiflung: Die Leute laufen ihm massenweise nach. Die Lehre Christi, die nur Frieden, Freude, Ordnung, Verheißung, Licht, Wachstum des Charakters und der Vernunft bedeutet, wird von jedem preisgegeben. (...) Es ist leichter, auf seine Freude zu verzichten als auf seinen Hochmut."

Claudels Dichtungen korrespondieren stets mit seinem christlichen Glauben. Für ihn ist die Welt kein Zufallsprodukt, sie ist ihm unbedingte Schöpfung Gottes. Er sieht sich selbst als einen Gottgläubigen und als einen von Gott begabten Dichter – gewürdigt, durch seine Dichtungen mit- und nachschöpferisch wirksam zu sein und dieser Welt „ihren Sinn zu enthüllen, um sie in einen Akt der Gnade zu verwandeln". Nicht zur Weltflucht führt ihn sein Glaube also, sondern zur Weltbejahung und Weltzuwendung. Und er bewirkt bei ihm ein fast schon dünkelhaft zu nennendes Gefühl souveräner Freiheit und Überlegenheit gegenüber den populären Geistesströmungen seiner Epoche – Modetorheiten für ihn, die er nur verachten kann, und als deren unerbittlichen Gegner er sich betrachtet. Denn seine Existenz als Katholik habe ihn auch dazu befähigt – wie er 1937 dem *Figaro* anvertraute –, „stolz meiner ganzen Zeit, der ganzen Wissenschaft, der ganzen Literatur meiner Zeit ins Gesicht zu spotten; dieser ganzen säkularisierten, mechanisierten, materialistischen und verweichlichten Kultur; und ich war ihr Feind, der ihr gefährlicher wurde als alle anderen".

Mehr und mehr fasste Claudel seine christliche Existenz und Sendung im Sinne eines Apostolats auf. Als Bekehrter ist er von einem unstillbaren Verlangen beseelt, auch andere zu einer Bekehrung hin zum katholischen Glauben zu veranlassen. Mit Ungezählten steht er in Briefkontakt. Auch Schriftsteller sind darunter. Wie etwa André Gide. Über Jahre hinweg haben diese beiden, die fast gleichaltrig und doch von so unterschiedlicher Herkunft und Wesensart, von so unterschiedlichem Charakter waren, einen intensiven Austausch gepflegt. Jeder hat an dem literarischen Geschick, an dem persönlichen Erleben des Anderen Anteil genommen. Daraus war Vertrauen entstanden und schließlich Freundschaft geworden. Am Ende standen jedoch Trennung und Entfremdung. Claudel hatte lange Zeit gehofft, den unter calvinistischer Strenge aufgewachsenen, sich zu seiner Homosexualität bekennenden Gide bekehren und der Katholischen Kirche zuführen zu können.

Doch auch ein Paul Claudel war kein Heiliger. Auch er bestand nicht nur aus Geist, sondern eben auch noch aus Fleisch und Blut. Er wusste es nur zu genau. Und so geriet dann auch sein Leben – fünfzehn Jahre nach seiner Bekehrung – in eine große Krise. Begonnen hatte alles, so seltsam es auch klingen mag, mit seinem brennenden Wunsch, Priester zu werden. 32 Jahre ist er da alt. Er zieht sich für einige Zeit bei den Benediktinern in Solesme und danach in Ligugé zurück. Er ist bereit, auf die weitere Laufbahn eines Diplomaten und Dichters zu verzichten. Will nur noch für Gott da sein. Als Mönch oder als Priester. Doch Gott gibt ihm „unmissverständlich zu verstehen, dass dies nicht meine Berufung sei. Es war ein Nein.“ Damit hatte Claudel nicht gerechnet. Dieses „Nein“ trifft ihn empfindlich. Sein eigener, ichbezogener Wille, der ihm so opferbereit dünkte, ist überraschend auf das Nein des göttlichen Willens gestoßen: Bewerbung abgelehnt!

Als er sich wenig später (Oktober 1901) auf einem Schiff in Richtung China befindet, um dort als französischer Konsul tätig zu sein, nagt diese „Zurückweisung“ immer noch an ihm. In diesem Zustand der Irritation und Frustration, des Haders und der inneren Unzufriedenheit begegnet er an Bord des Dampfers einer Dame von betörender Schönheit, die sofort eine ungeheure Faszination auf ihn ausübt. Derartig stark, dass er sich ihr nicht zu entziehen vermag. Aber nicht nur er allein, auch die Frau wird durch die Begegnung bis in ihr Innerstes aufgewühlt und erschüttert. Doch sie gehört bereits einem anderen an. Ist also schon verheiratet. Und doch stürzt sich Claudel, stürzen sich beide blindlings in diese Liebe ohne Ausweg, ohne Zukunft. Das unglückselige Liebesdrama zieht sich über drei quälende Jahre hin. Dann bricht die Frau die Beziehung ab. Betroffen – und nicht frei von Selbstmitleid – schreibt Claudel seinem Freund André Suarès: „Nichts kann einen mehr lähmen als die Hand einer Frau. Ich selbst, der ich alles um Gott und Religion wusste, ich hätte mich, auch mit der Schwelle der Hölle unter den Füßen, von dieser Feindin nicht trennen können! Gott hat dann gewaltsam eingreifen müssen. (...) Ach, wie lange sind die Tage, an denen es einen schmerzt! (...) Und ich sehe ihre Handschrift auf den Briefkuverts, die sie mir ungeöffnet zurücksandte. Dann ist man am Ende seiner Kräfte, und man kann nichts anderes tun, als auf die Knie niederfallen und wie der Prophet Elias zu Gott sagen: ‚Nimm mich weg, o mein Gott, denn ich bin nicht besser als meine Väter.'"

Wenig später heiratet Claudel die fromme Reine Sainte-Marie Perrin. Es ist eine Vernunftehe, eine von Claudels Beichtvater empfohlene und arrangierte Ehe. Damit zieht auch Claudel einen Schlussstrich unter die vorangegangene Affäre. Er übernimmt die Verantwortung für seine Frau und die Kinder, die ihnen schon bald geschenkt werden. Doch wird er Rosie – so der Name seiner Ex-Geliebten – nie vergessen können.

Das auf dem Schiff Erlebte versucht Claudel durch das Drama *Mittagswende* zu verarbeiten. Schonungslos, wenn auch in dichterischer Verfremdung und Verdichtung, stellt er darin in den Figuren Mésa und Ysé sich selbst und die Geliebte dar. In einer limitierten Stückzahl von 150 Exemplaren geht das Werk an Freunde und Bekannte. Es aufführen zu lassen, wagt Claudel erst 40 Jahre später, im Dezember 1948. Kurz davor hatte er noch einmal die Ex-Freundin aufgesucht, um mit ihr zu vereinbaren, dass die aus den Aufführungen kommenden Tantiemen an ihre gemeinsame Tochter Maria fließen sollten.

Das Motiv der tragischen, in diesem Leben nicht erfüll- und realisierbaren Liebesbeziehung zwischen zwei Menschen, die sich wie magnetisch anziehen und die füreinander bestimmt zu sein scheinen, – dieses Motiv kommt häufig in Claudels Werken vor. Das gilt besonders dann, wenn eine solche Beziehung außerhalb göttlicher Ordnung, außerhalb des Ehesakraments liegt. Nicht nur in *Der seidene Schuh* (Claudels Hauptwerk), auch in vielen anderen seiner Dramen spürt man die Spannung des Einander-Findens und des Einander-Verfehlens zweier füreinander in Liebe entflammter Menschen, deren Verhältnis gleichwohl von Anfang an zum Scheitern verurteilt ist. Und doch kann in der Sichtweise Claudels auch eine solche Liebe tiefste Sinngebung erfahren. Und zwar dadurch, dass sie sich durch Verzicht und Opfer und der Annahme der ihr zugemuteten „Passion" von der Ebene des Leiblich-Erotischen, des Irdischen und Vergänglichen löst und sich durch Sublimierung ins Geistige (ver-)wandelt und so ins Ewige hineinreicht und mündet. Und wo auf dem Weg dorthin einer für den anderen zu einem Werkzeug des Heils und nicht des Verderbens, des Unheils werden soll. So dass schließlich am Ende als Erfahrung steht, was in einem anderen Bühnenstück Claudels eine himmlische Stimme über Jeanne d´Arcs

Scheiterhaufen verkündet: „Die Freude ist doch am stärksten! Die Liebe ist die Stärkste! Gott ist über allem der Stärkste!"

Paul Claudel war der Überzeugung, dass das Leben auf Erden für den Menschen ein Kampf- und Bewährungsfeld ist. Ein Drama, „das sich unter den Augen Gottes abspielt". Doch Gott ist dabei kein unbeteiligter Zuschauer. Auch ist der Mensch nicht lediglich Schachfigur oder Marionette eines Theater spielenden Gottes. Vielmehr hat sich Gott selbst in der Menschwerdung und Passion Christi hinab- und hineinbegeben in die Welt der Menschen. Und wenn Gott auch mit dem Menschen Gutes und Sinnvolles vorhat, so bleibt doch in einem nicht auflösbaren Spannungsverhältnis zur göttlichen Vorsehung menschliche Entscheidungsfreiheit stets bestehen, stets gewahrt. So dass sich der Mensch durchaus göttlicher Gnade und göttlichen Einflusses entziehen und seinen ihm zugedachten Auftrag verweigern, ja sich dem Bösen öffnen kann. Andererseits kann er aber auch seine wahre Berufung und Bestimmung und damit seine eigentliche Lebenserfüllung finden, indem er an der ihm zugewiesenen Stelle und mit den ihm anvertrauten Fähigkeiten „schöpferisch" und konstruktiv in der von Gott gesetzten Seinsordnung tätig ist.

Das Gesamtwerk Paul Claudels umfasst nicht nur Dramen. Auch sein lyrisches Werk ist bedeutsam. Gleiches gilt für seine philosophischen und theologischen Essays wie auch für seine reflexiven Bibelkommentare. In allem wird deutlich, dass sich Claudel schwerlich mit anderen Dichtern vergleichen lässt. Sein Gesamtwerk steht innerhalb der französischen und innerhalb der Weltliteratur einzigartig da. Doch auch Claudel war – trotz all seiner Originalität und Eigenständigkeit – ein Kind seiner Zeit. Dies zeigte sich nicht zuletzt an seiner vorurteilsreichen Befangenheit gegenüber dem Protestantismus und auch gegenüber „den Deutschen". Seine zu Beginn des Ersten Weltkrieges entstandenen Kriegsgedichte wären besser nicht geschrieben worden. Auf der anderen Seite ist es wiederum Claudel gewesen, der sich nach dem Zweiten Weltkrieg schon früh für eine Aussöhnung zwischen Frankreich und Deutschland eingesetzt hat.

In der Nacht vom 23. auf den 24. Februar 1955 ist Paul Claudel an einem Herzschlag gestorben. Der französische Staat ehrte seinen toten Dichter mit einem Staatsakt.

Literatur- und Quellenverzeichnis

Ambrouche, Jean: Gespräche mit Paul Claudel, Heidelberg 1958
Bona, Dominique: Camille und Paul. Kunst und Leben der Geschwister Claudel, München 2008
Claudel, Paul: Gesammelte Werke, Bd. VI: Religion, Heidelberg/Einsiedeln/ Zürich/Köln 1962
Claudel, Paul – Gide, André: Briefwechsel 1899-1926, Stuttgart 1952
Grenzmann, Wilhelm: Weltdichtung der Gegenwart. Probleme und Gestalten, Bonn 1955
Landau, Edwin Maria: Paul Claudel, Velber bei Hannover 1973 (2. Aufl.)
Lesort, Paul-André: Paul Claudel, Reinbek bei Hamburg 1964
Espiau de La Maéstre, André: Das göttliche Abenteuer. Paul Claudel und sein Werk, Salzburg 1986
Rang, Bernhard: Paul Claudel. In: Otto Mann (Hrsg.): Christliche Dichter im 20. Jahrhundert, Bern 1968 (2., veränd. Aufl.,)
Theisen, Josef: Paul Claudel, Berlin 1973

T. S. Eliot:
„In meinem Ende ist mein Anfang"

Wohl kaum ein anderer Dichter des 20. Jahrhunderts hat zu seinen Lebzeiten eine derartige Verehrung und ein solches Ansehen genossen und zugleich so einflussreich und prägend auf den Literaturbetrieb seiner Zeit eingewirkt wie der amerikanisch-englische Dichter, Literatur- und Gesellschaftskritiker T. S. Eliot. Wenn er im In- und Ausland zu Lesungen und Vorträgen auftrat, ging die Zahl seiner Zuhörer in die Hunderte und Tausende. Allein 23 Ehrendoktorwürden sind ihm zugetragen worden. Und als er 1948 (endlich) den Literaturnobelpreis erhielt („für seine außerordentliche Leistung als Wegbereiter der Dichtung der Gegenwart"), gab es niemanden, der diese Auszeichnung als nicht gerechtfertigt angesehen hätte. Lange Zeit galt Eliot in der Literaturszene als Avantgardist. Er selbst hingegen definierte sich bereits im Alter von 40 Jahren (kurz nach seiner Konversion zur englischen Hochkirche und der Erlangung der britischen Staatsbürgerschaft) als „classicist in literature, royalist in politics, and anglo-catholic in religion".

In der am Mississippi gelegenen Industrie- und Handelsstadt St. Louis ist Thomas Stearns Eliot am 26. September 1888 geboren worden. Sein Vater hatte es als strebsamer Geschäftsmann zu ansehnlichem Wohlstand gebracht. Seine Mutter, dichterisch begabt und in vielen örtlichen Wohltätigkeitsvereinen engagiert, war vor ihrer Heirat Lehrerin gewesen. Beide waren in ihrem Glaubens- und Lebensverständnis stark geprägt worden von T. S. Eliots Großvater William G. Eliot, der zu seinen Lebzeiten ein tatkräftiger, von einem hohen ethischen Pflichtgefühl erfüllter unitarischer Geistlicher gewesen war. Zwar ist der Unitarismus nicht zuletzt durch die Bestreitung der Trinität und der Gottessohnschaft Jesu alles andere als orthodox zu nennen, doch sind ihm – zumindest in seiner Ausgestaltung bei Eliots Großvater und Eltern – durchaus auch calvinistische und puritanische Züge eigen gewesen. So wurde auf die Beachtung moralischer Prinzipien sehr großen Wert gelegt. Gleichzeitig verband sich dieser auffallende Moralismus aber auch mit einem Streben nach Wohlstand und gesellschaftlichem Aufstieg auf der einen und opferbereiten, den Mitmenschen und dem Gemeinwohl dienenden Aktivitäten auf der anderen Seite. Ein gewisser optimistischer Glaube an den Fortschritt und die Möglichkeiten wissenschaftlicher Bildung und – mit beidem verbunden – an eine sukzessive „Verbesserung" des Menschen ist bei alldem nicht zu übersehen. Dem humanitären, theologisch liberalen Glauben der Unitarier konnte Eliot eigentlich nie etwas abgewinnen. Er sprach aber im Alter davon, dass sich bei ihm „eine katholische Gesinnung mit einem calvinistischen Geisteserbe und einem puritanischen Temperament" verbunden habe.

Von 1906 an studierte Eliot in Cambridge/Massachusetts an der renommierten Harvard-Universität. Die Wahl seiner Studienfächer (u. a. englische, französische und altgriechische Literatur, mittelalterliche Geschichte, antike und neuzeitliche Philosophie) lässt erkennen, wie breit gefächert seine Interessensgebiete waren. Unter seinen akademischen Lehrern war es vor allem Irving Babbitt, der ihn nachhaltig beeinflussen sollte. Mit seiner Begeisterung für die klassische griechisch-römische Kultur, mit seiner Wertschätzung für Konfuzius und Buddha, Aristoteles und Dante lief der überzeugte Humanist bei seinem wissbegierigen Studenten offene Türen ein. Auch dass er dem amerikanischen Fortschrittsglauben skeptisch gegenüberstand, Disziplin und Selbstkontrolle predigte und als bekennender Antiromantiker und entschiedener Kritiker Rousseaus Gefühlsbetonungen und Sentimentalitäten in der Literatur entschieden ablehnte, fand bei dem jungen Eliot Zustimmung und Gefallen.

Doch Cambridge war nicht der einzige Studienort Eliots. So studierte er 1910/1911 an der Sorbonne in Paris, kehrte zwischenzeitlich wieder nach Harvard zurück, um dann (1914-1915) seine umfangreichen Studien an den Universitäten in Marburg und Oxford zu ergänzen. Danach ließ er sich in London nieder. Nach kurzer Lehrtätigkeit an einer höheren Schule wird er schließlich Angestellter bei der Lloyd's Bank (bis 1925). Anschließend tritt Eliot, der bereits seit 1922 eine eigene Literaturzeitschrift (*Criterion*) herausgab, in das Verlagshaus Faber and Gwyer (später Faber and Faber) ein, dessen Direktor er schon bald werden sollte.

Spätestens 1922 – mit dem Erscheinen seines mit dem Dial-Preis ausgezeichneten Gedichts *Das wüste Land* – hatte sich Eliot als Dichter einen Namen gemacht. Infolge dieses frühen dichterischen Erfolgs und dank seiner Schlüsselposition, die er sich als Literaturkritiker mit der Herausgabe des *Criterion* geschaffen hatte, avancierte er schon früh zum Wortführer der jungen Dichtergeneration. Hinzu kam seine leitende Tätigkeit bei dem innovativen Verlag Faber and Faber, wo er quasi als Cheflektor agieren und somit entscheiden konnte, welche modernen Werke in dem Verlag publiziert wurden und welche nicht.

In Eliots frühen dichterischen Werken dominiert ein melancholischer, resignativer Grundton. So gleichen etwa die Gestalten in dem 1925 erschienenen Poem *Die hohlen Männer* „ausgestopften" Figuren mit „Stroh im Schädel", von denen sich sagen ließe, dass sie genauso lebenden Toten wie toten Lebenden gleichen. Schattenhaft und konturlos ist ihre Existenz. Gebrochen und gespalten ihre Persönlichkeit. Vergeblich, unvollkommen und zum kläglichen Scheitern verurteilt sind all ihre Bemühungen.

Das alles ändert sich mit dem Gedicht *Aschermittwoch*, dessen vollständige Fassung 1930 publiziert wurde. In ihm beschreibt Eliot den Weg des irdischen Pilgers aus der Welt der Vordergründigkeiten und Vergänglichkeit, der Täuschungen und Versuchungen hinein in die Dimension des Glaubens. Denn die Welt, in der wir leben, ist nur scheinbar sich selbst und damit dem Nichts überlassen. Auch ist der Mensch nur scheinbar auf sich allein gestellt und geworfen – ohne Hoffnung, einer transzendenten, überzeitlichen und sinnstiftenden Wirklichkeit teilhaftig zu werden. Gott selbst hat sich nämlich, so die Aussage des Gedichts, der Menschen erbarmt, indem er nicht zuletzt in und mit Jesus sein Wort in die Welt hineingesprochen und so den Menschen konkret angesprochen hat.

Um jedoch Gottes Wort vernehmen und von Gottes Geist neu belebt werden zu können, muss der Mensch auf seinem Irrweg innehalten, muss er zur Aufgabe seines Selbstbetrugs und zur Kurskorrektur seines Lebens bereit sein. Muss er sich dem Lärm, der Ablenkung entziehen und es in sich und um sich herum stille werden lassen. Aber die Menschen – ratlos, rastlos und gierend umherstreifend – sind offenbar nicht willens, sich der Stimme und dem Licht Gottes auszusetzen:

> Was habe ich dir, getan mein Volk?
> Wo wird das Wort fündig werden, wo wird das Wort
> Mündig werden? Nicht hier, hier ist's nicht still genug.

Doch dem Demütigen, dem um Klarheit Bittenden, dem vorbehaltlos Lauschenden offenbart sich Gott:

> Herr, ich bin's nicht wert,
> Herr, ich bin's nicht wert,
> aber sprich nur das Wort.

Aschermittwoch ist Eliots erstes Gedicht, das deutlich macht, dass sich in dem bislang so glaubensskeptischen, bestenfalls einem gewissen Synkretismus zuneigenden

Dichter mittlerweile eine Bekehrung vollzogen hat. Die war nicht durch ein punktuelles religiöses Erlebnis ausgelöst worden, sondern hatte sich sukzessive entwickelt. Zugleich lag ihr ein rationaler Denk- und Entscheidungsakt zu Grunde.

Lange Zeit war Eliot auf der Suche nach etwas gewesen, das seiner komplexen, heterogenen Persönlichkeit Halt und homogene Ausrichtung und dem Bewusstsein eigenen moralischen Ungenügens Entlastung versprach. Und das in der Lage war, seine Sehnsucht nach einem verehrungswürdigen Absoluten, nach „einem Etwas, außerhalb seiner selbst" zu stillen und Klarheit und Ordnung in sein differenziertes, aufgewühltes Denken zu bringen. In der kritischen Auseinandersetzung mit dem Humanismus, in der Beschäftigung mit Dante und mit Thomas von Aquin und durch die Bekanntschaft mit dem Dichter W. F. Stead, Kaplan der englischen Hochkirche am Worcester College in Oxford, hatte sich ihm mehr und mehr der christliche Glaube als befriedigende Lösung seiner existenziellen und weltanschaulichen Fragen erschlossen. Dass es ihm dabei um alles andere als eine allgemeine religiöse Gefühlserhebung ging, macht eine spätere Aussage von ihm deutlich, in der er „religiöse Gefühle ohne Gott als ihr Glaubensziel" als eine „eigentlich nur pathologische Gemütsverfassung" beurteilte.

Eliot beschließt, der anglikanischen Kirche – und zwar ihrem katholischen Flügel, der anglo-katholischen Bewegung – beizutreten. Er nimmt regelmäßig am katechetischen Unterricht und an den Morgengottesdiensten teil. Am 29. Juni 1927 wird er schließlich getauft und in die englische Hochkirche aufgenommen.

Als überzeugter Christ sieht Eliot die fortschreitende Säkularisierung der Gesellschaft und dem mit ihr einhergehenden sinkenden Einfluss der Kirche und des christlichen Glaubens auf die Menschen mit großer Sorge. In Essays und dichterischen Werken versucht er sich gegen diesen Trend zu stemmen und positioniert sich als bekennender Christ gegen den Zeitgeist. Wie ein alttestamentarischer Bußprediger erhebt er in dem kirchlichen Stück *Der Fels* seine Stimme. In schonungsloser Offenheit weist er darauf hin, dass der Mensch sich in einem „unentwegten Kampf von Gut und Böse" befinde und dass „das Geheimnis der Sünde ein Abgrund" sei, „den der Blick des Menschen nicht auslotet".

Eliot weist auf den Wirkungszusammenhang hin, der zwischen den Taten der Vergangenheit, Gegenwart und Zukunft besteht. Alles hängt voneinander ab. Nichts ist folgenlos:

Für jede böse Tat von vormals tragen wir die Folgen:
Für Faulheit, Geldgier, Versäumnis des *Gottes*worts,
Für Hochmut, Geilheit, Verrat, für jede Sündentat.
Und von allem, was vormals Gutes getan wurde, seid ihr die Erben.

Er prangert die Gottvergessenheit des modernen Menschen an:

O elendes Geschlecht der aufgeklärten Menschen,
Verraten in den Verästelungen eures Scharfsinns.
(...)
Ich gab euch Sprache, ihr zerredet alles,
Ich gab euch mein Gesetz, ihr bildet Ausschüsse.
(...)
Ich gab euch Kraft, euch zu entscheiden, ihr aber hinkt
(...)
Viele sind dabei, Bücher zu schreiben oder zu drucken.
(...)
Vielerlei lest ihr, nicht das *Gottes*wort,
Vielerlei baut ihr, nicht das *Gottes*haus.

Und:

O Überdruss der Menschen, die ihr euch abkehrt von *Gott*
Zum Glanz eurer Denkkraft und der Glorie eurer Taten.
(...)
Dem Leben mögt ihr euch entziehen, doch dem Tode nicht.

Schließlich der Aufruf zu Buße und Umkehr:

Lasst uns lauter machen unsern Willen,
Hilf uns, Herr *Herr*.
(...)

Sollten wir nicht in deinen Dienst stellen
all unsere besten Kräfte?

Eliots Bühnenstücke *Der Familientag, Die Cocktail Party, Der Privatsekretär, Ein verdienter Staatsmann* – sie entstanden zwischen 1939 und 1958 – sind alle moderne Beziehungsdramen, die sich im Umfeld von Familien- und Bekanntenkreis abspielen. Das fragile Beziehungsgeflecht ihrer Mitglieder ist gekennzeichnet von Oberflächlichkeit, gegenseitigem Misstrauen und Feindschaft. Schonungslos werden in den Theaterstücken Lebenslügen entlarvt, wird sorgsam Verhülltes enthüllt, werden Maskierungen heruntergerissen. Verdrängte Schuld wird aufgestöbert und kommt ans Licht. Und im Licht der Wahrheit steht der schuldig Gewordene mit einem Mal nackt und bloß da. Die Taten der Vergangenheit zeigen verhängnisvolle Gegenwärtigkeit.

Aber im Gegensatz zu anderen modernen Dramatikern bleibt Eliot bei diesem „Befund" nicht stehen, sondern versucht perspektivisch Wege der Lösung und Versöhnung, ja des Neuanfangs aufzuzeigen. Letzteres kann aber nur geschehen, wenn der Einzelne sich seiner Schuld stellt und zu seiner eigenen Rechtfertigung nicht ein neues Lügengespinst zu weben versucht. Erst so ist Katharsis möglich. Erst so ist der Weg frei zu einem Leben ohne verlogene Rollen und Masken. Zu einem Leben neu gefundener Identität und Bestimmung, das darin besteht, sein auferlegtes Schicksal zu akzeptieren und seinen Nächsten in Liebe und Achtung zu begegnen. Und das sich im Tun des einmal Erkannten auch in den kleinen Dingen des Lebens bewährt. Wenngleich in den genannten Dramen der christliche Gehalt nicht zu übersehen ist, so ist doch Eliot bemüht gewesen, ihn eher zurückhaltend, eher indirekt aufscheinen zu lassen. Das entsprach auch seinem Wunsch nach einer Literatur, „die eher unbewusst als vorsätzlich und herausfordernd christlich wäre".

Eliot selbst erlebte sein eigenes Ehedrama. 1915 hatte er Vivien Haigl-Wood kennengelernt und noch im selben Jahr geheiratet. Vivien war eine durchaus ungewöhnliche, exzentrische junge Frau, lebhaft, charmant, abenteuerlustig. In sie war Eliot sofort verliebt. Ausgerechnet Eliot! Dieser distinguierte, auf andere kühl und distanziert wirkende Intellektuelle, der für seine Person so auf tadellose Manieren achtete und darauf bedacht war, nach außen hin möglichst wenig an eigenen Emotionen zuzulassen. Der so kontrolliert war. Doch wahrscheinlich fühlte er sich gerade deswegen von Vivien angezogen.

Allzu bald muss Eliot jedoch erkennen, dass seine junge Frau bipolar veranlagt ist und sich depressive Schübe mit Phasen voller Tatendrang und hochgradiger Erregtheit abwechseln. Überhaupt ist sie extrem krankheitsanfällig, sehr nervös und klagt über ihre Neuralgien und Kopfschmerzen. Sie nimmt gehäuft morphiumhaltige Arzneien und Brompräparate ein. Nicht selten kommt es bei den Eheleuten zu Streit, Missverständnissen und gegenseitigen Vorwürfen. Auch lässt sich nicht übersehen, dass Vivien gerne mit anderen Männern, wie etwa Bertrand Russell, flirtet. (Der schrieb später von einer intimen Begegnung mit Vivien, die „höllisch und abscheulich" gewesen sei.)

Eliot stürzt sich in Arbeit. Seine Frau langweilt sich. Dennoch bleibt Eliot um seine Frau bemüht und besorgt, wie umgekehrt auch Vivien um ihren Mann. Doch als sich bei ihr im Laufe der Jahre zunehmend Zeichen einer schweren psychotischen Störung einstellen, ist für Eliot die Situation kaum noch erträglich und er fühlt sich nervlich und psychisch überfordert.

Schließlich lebt er von Vivien getrennt (seit 1932/33). Freunde, Verwandte und nicht zuletzt eine Bedienstete kümmern sich um seine Frau und stehen im laufenden Kontakt mit Eliot. Der trägt schwer an der von ihm vollzogenen Trennung, die zu akzeptieren Vivien sich weigert. Immer wieder versucht sie ihrem Mann aufzulauern, der sich ihr jedoch wie ein Phantom zu entziehen versteht. Und auch wenn Eliot auf andere sichtlich erleichtert und befreit wirkt, so quälen ihn doch Gewissensbisse und Selbstvorwürfe. 1947 stirbt Vivien schließlich in einer Londoner Nervenklinik, in die sie neun Jahre zuvor eingeliefert worden war.

Im Januar 1957 heiratet der inzwischen 68-jährige Eliot seine um 38 Jahre jüngere Sekretärin Valerie Fletcher. Für den in die Jahre gekommenen Mann sollte noch einmal ein völlig neuer Lebensabschnitt beginnen. Jetzt, im vorgeschrittenen Alter, durfte er doch noch das Glück einer erfüllten, harmonischen Ehe erleben. Obwohl zwischen den beiden Eheleuten ein immenser Altersunterschied besteht, ist es eine große, tiefe Liebe, ist es gegenseitiger Respekt und Verehrung, die sie miteinander verbindet. In ihrer umsichtigen, ausgeglichenen Art ergänzt Valerie den nervösen, einzelgängerischen und leicht verschrobenen Eliot auf ideale Weise und gibt diesem das Gefühl einer lange vermissten Geborgenheit und Sicherheit. Thomas Stearns Eliot blüht noch einmal auf. Hatte er vor seiner Wiederheirat auf Bekannte „elend und krank" gewirkt, „viele Anzeichen vorzeitigen Alters" zeigend und aussehend „wie eine Leiche“, so bessert sich nun schon sehr bald sein Gesundheitszustand. Der eher pessimistisch veranlagte Mann bezeichnet sich nun als „der glücklichste Mensch auf der Welt“. Gleichwohl macht ihm auch weiterhin sein altes Leiden – ein Lungenemphysem – zu schaffen. Auch stellen sich in seinen letzten Jahren zunehmend Herzprobleme ein. Zuletzt wird er immer hinfälliger. Bis schließlich am 4. Januar 1965 sein Herz ganz versagt. „In meinem Anfang ist mein Ende“, wird man später auf seinem Grabstein lesen, und: „In meinem Ende ist mein Anfang.“ Ein Zitat aus seinem wohl bekanntesten Gedichtzyklus: die *Vier Quartette*.

Literatur- und Quellennachweis

Ackroyd, Peter: T. S. Eliot. Eine Biographie, Frankfurt/M. 1988

Baden, Hans Jürgen: Literatur und Bekehrung, Stuttgart 1968

Der Brockhaus: Nobelpreise, Leipzig/Mannheim 2004 (2. Aufl.)

Eliot, T. S.: Die Dramen, Frankfurt/M. 2001 (3. Aufl.)

Eliot, T. S.: Gesammelte Gedichte, Frankfurt/M. 2008 (6. Aufl.)

Eliot, T. S.: Werke 2. Essays I: Kultur und Religion; Bildung und Erziehung; Gesellschaft, Literatur, Kritik, Frankfurt/M. 1967

Fabian, Bernhard (Hrsg.): Die englische Literatur, Bd. 2: Autoren, München 1991, S. 143ff

Grenzmann, Wilhelm: Weltdichtung der Gegenwart. Probleme und Gestalten, Bonn 1955

Kleinstück, Johannes: T. S. Eliot, Reinbek bei Hamburg 1966

Kranz, Gisbert: Europas christliche Literatur 1560-1960, Aschaffenburg 1961

Mason, E. S.: Eliot. In: Lexikon der Weltliteratur im 20. Jahrhundert,1. Bd., Freiburg 1960, S. 518ff

Weber, Alfred: T. S. Eliot. Auflehnung und Ordnungsidee eines modernen Traditionalisten. In: R. Sühnel/D. Riesner (Hrsg.): Englische Dichter der Moderne. Ihr Leben und Werk, Berlin 1971, S. 252ff

Wiegenstein, Roland H.: Thomas Stearns Eliot. In: Otto Mann (Hrsg.): Christliche Dichter im 20 Jahrhundert, Bern 1968 (2. Aufl.), S. 208ff

Manfred Hausmann:
Vom Blitz getroffen

Auch wenn die Post noch 1998 Manfred Hausmann aus Anlass seines 100. Geburtstags mit einer Sondermarke ehrte, so ist es doch seit Längerem schon seltsam still um den einst so erfolgreichen und profilierten evangelischen Erzähler und Lyriker, Dramatiker und Essayisten geworden, dessen Bücher immerhin sechsstellige, ja teils sogar siebenstellige Auflagenhöhen erreichten. Und der sich in den letzten beiden Jahrzehnten seines Lebens auch noch als Laienprediger seiner reformierten Kirchengemeinde betätigte. Was schon etwas Besonderes war: Denn Pfarrer, die dichteten, die hatte es schon verschiedentlich gegeben (man denke nur an Eduard Mörike oder Albrecht Goes), aber ein Dichter, der predigt, das ist bis heute doch eher ungewöhnlich. Hausmann selbst hat sich über diese Entwicklung nicht wenig gewundert, zumal es doch seine Zeit gebraucht hatte, bis aus dem ehemaligen Atheisten ein gläubiger, bekennender Christ geworden war.

Dabei war ihm schon als Schüler im Alter von 14 Jahren so etwas wie ein mystisches Erlebnis widerfahren, das mehr darstellte als ein allgemeines Weltschmerzgefühl. Mit einem Dutzend anderer Kameraden in der Zeit der „Wandervogelbewegung“ hatte er auf der Burg Hanstein eine romantische Weihnachtsfeier erlebt. Zutiefst aufgewühlt durch das Gemeinschaftserlebnis, steigt der Junge allein die Stiege zum Turm empor. Beim Anblick der verschneit unter einem flimmernden Sternenhimmel liegenden Höhen und Täler der Umgebung und bei dem gleichzeitigen Hören der unter ihm in der Burg singenden Freunde überkommt es ihn: „Ich zitterte vor Glück, und ich zitterte gleichzeitig vor Ungenügen und Sehnsucht. Eine Ahnung überkam mich, dass nichts, was ein Mensch auf Erden erlebt, imstande ist, die Ruhelosigkeit in ihm zu stillen. (...) In jener Nacht auf dem Turm der Burg Hanstein erfuhr ich zum ersten Mal (...), wie es ist, wenn ein Mensch von einem Verlangen nach dem Unendlichen oder nach Gott durchflutet wird.“

Noch nicht einmal 16 Jahre ist Manfred Hausmann alt, da bricht im Spätsommer 1914 der Erste Weltkrieg aus. Sobald der Junge im November 1916 seine Notreifeprüfung abgelegt hat, wird er nach kurzer Ausbildung als Infanterist ins Feld geschickt. Ihm soll es nur recht sein, verspricht er sich von dem Kriegseinsatz doch Erfahrungen von Abenteuer und Kameradschaft. An der Ostfront in Galizien zieht er sich eine Lungen- und Rippenfellentzündung zu. Nach Genesung an die Westfront versetzt und dort an der Marneschlacht teilnehmend, zerschmettert ein Schuss seinen linken Fußwurzelknochen, verätzt das tückische Gelbkreuzgas seine Bronchien.

In Göttingen und später in München studiert Hausmann nun Naturwissenschaften, Philosophie und Germanistik. Anfang 1922 schließt er sein Studium mit einer Dissertation über „Kunstdichtung und Volksdichtung im deutschen Soldatenlied“ ab. Nachdem er eine Zeitlang als Korrespondent einer Bremer Exportfirma gearbeitet hat, verdingt er sich als Feuilleton-Redakteur bei der „Bremer-Weserzeitung“. Gleichzeitig versucht er sich an kleinen Novellen, die er beim Verlag Schünemann veröffentlicht. Ende des Jahres 1925 gibt Hausmann schließlich seine journalistische Tätigkeit auf, um fortan unabhängig als freier Schriftsteller zu leben. Ein risikoreicher Schritt. Denn mittlerweile hatte er geheiratet und neben der Frau auch noch für zwei Kinder, die Zwillinge Tjark und Wolf, zu sorgen.

Nur wenige Wochen nach der Geburt der Jungen bricht Hausmann zu einer etwa einjährigen Wanderschaft quer durch Deutschland auf. Die Erlebnisse und Eindrücke dieser Wanderung sollten ihm Anregung und Stoff für seine beiden Vagabundenromane *Lampioon küsst Mädchen und kleine Birken* (erschienen 1928) und *Salut gen Himmel* (1929) liefern. Die beiden Bücher wie auch der 1932 erschienene (und 1934 verfilmte) Jugendroman *Abel mit der Mundharmonika* werden ein großer Erfolg.

Inzwischen hatte sich Hausmann in der im Teufelsmoor bei Bremen gelegenen „Künstlerkolonie“ Worpswede niedergelassen. Was ihn und die anderen Künstler – unter ihnen die Maler Heinrich Vogeler, Otto Modersohn, Fritz Mackensen und Paula Modersohn-Becker – magisch anzog, waren die Stille und Weite dieser damals noch so einzigartigen Moorlandschaft mit ihren grandiosen Wolkengebilden und den gerade in dieser Gegend sich ergebenden besonderen, stets wechselnden Lichtphänomenen des Himmels.

Einige Jahre vor dem Umzug nach Worpswede war Hausmann – damals noch Student in München – ein einschneidendes, geradezu existenzielles Erlebnis von lebenslanger Auswirkung widerfahren. Es stellte seine ganze Person, sein Denken, seine bisherige Lebensausrichtung und Geisteshaltung radikal in Frage. Zu jener Zeit durchlebte er noch eine Phase in seinem jungen Leben, in der er „in jedem Demonstrationszug hinter der roten Fahne hermarschiert“ und „aus hingabevollem Herzen das ‚Brüder, zur Sonne, zur Freiheit, Brüder, zum Licht empor‘“ singt. Eines Tages nun wird er während eines Besuchs bei seinen Eltern in Göttingen von seinem Vater in die Kirche zum sonntäglichen Gottesdienst geschleppt. Doch nicht der örtliche Gemeindepastor steht diesmal auf der Kanzel. Stattdessen hält Karl Barth, ein aus Basel stammender Theologieprofessor, die Predigt. Unter seiner Verkündigung wird Hausmann derart gepackt und aufgewühlt, dass er sich am Ende bis in die letzten Tiefen seines Wesens erschüttert fühlt. „Ich verließ die Kirche", so erinnert er sich, „als einer, der nicht mehr wusste, wo er bleiben sollte. Der Blitz war nicht neben mir niedergefahren, sondern mitten in mich hinein. (...) Hier war die Revolution, von der ich die ganze Zeit über etwas geahnt hatte, dunkel nur und unklar, die Revolution, die nicht die Dinge, sondern erst einmal den Menschen veränderte, und zwar mit einer Radikalität, von deren Gewalt und Unheimlichkeit die Leute in München und anderswo sich nichts träumen ließen."

Doch noch ist in den Folgejahren bei Hausmann sehr wenig von einer Gott-Gläubigkeit zu erkennen. 1932, mehr als zehn Jahre nach dem denkwürdigen Geschehen in der Göttinger Kirche, bekennt er in einer Phase des Zweifelns und inneren Zwiespalts sogar: „Wenn ich sage, dass ich an nichts glaube, so bringe ich das nicht prahlerisch und selbstsicher vor, sondern eher verzweifelt und sehr leise. (...) Ich glaube an nichts, aber nicht an das Nichts. So ungefähr sieht es in mir aus."

Dennoch: mit dem christlichen Existenzerlebnis unter der Predigt Karl Barths war bei Hausmann gleichwohl ein Prozess in Gang gesetzt und etwas angestoßen worden, von dem er fortan nicht mehr loskam. So bemerkt er dann auch viele Jahre später: „Die Begegnung mit Karl Barth in Göttingen war der Anfang einer über Jahre und Jahrzehnte sich hinziehenden Revolutionierung meines Gewissens, durch die meine Haltung in der Welt von Grund auf verändert wurde. Die Haltung verwandelte sich in ihr Gegenteil, in ein Gehaltenwerden. Aus dem Vertrauen auf die Macht des menschlichen Geistes wurde die Einsicht in die Gebrechlichkeit und Hilflosigkeit eben dieses Geistes. Aus der versteckten Anbetung der Selbstherrlichkeit die offene Anbetung der Gottesherrlichkeit."

Gegen Mitte der 30er Jahre wurde schließlich auch in seinen Werken sichtbar, dass der Mensch und Schriftsteller Hausmann eine Wandlung zum überzeugten Christen erfahren hatte. Die Wende zeigte sich nicht zuletzt in dem 1937 erschienenen Roman *Abschied von der Jugend*, der von der Bewältigung einer im Verlauf einer Kreuzfahrt sich manifestierenden Ehekrise eines jungen Paares handelt. Von einer schweren

Ehekrise sollte Jahre später auch der Arztroman *Liebende leben von der Vergebung* handeln. Auch wenn der Roman von den Rezensenten seines Inhalts wegen heftig kritisiert wurde, die Leser griffen nach dem Buch! Viele schrieben Hausmann persönlich an. Ganz offensichtlich hatten sich nicht wenige von dem Thema des Romans, der „ein Stück Lebenshilfe aus christlicher Erfahrung“ (W. Schirmacher) enthielt, angesprochen gefühlt und das Aufzeigen einer möglichen Krisenbewältigung als hilfreich empfunden.

Großen Anklang fanden auch Hausmanns Bühnenwerke: angefangen von der dramatischen Ballade *Lilofee* bis hin zu dem Mysterienspiel *Der dunkle Reigen*, dem Legendenspiel *Der Fischbecker Wandteppich* oder das gern auch in Kirchen aufgeführte *Worpsweder Hirtenspiel*.

Manfred Hausmann war stets von einem anspruchsvollen dichterischen Ethos erfüllt. Nach seiner Christwerdung kam für ihn persönlich zur allgemeinen Verantwortung des Dichters noch die besondere eines sich christlich verstehenden Dichters hinzu, der den Menschen durch das, was er schreibt, trösten, raten, aufrütteln will und ihn auf Gott hinweisen möchte. „Und so machte ich mich hinfort daran“, schreibt er, „die Dinge gleichsam transparent werden zu lassen, so dass die Zeitlosigkeit, das ganz andere, der ganz andere hindurchzuschimmern begann.“

Durch das Bestreben, in und mit der Dichtung zu „verkündigen“, kam Hausmann jedoch zunehmend in einen ihm unlösbar erscheinenden Konflikt. „Immer wieder und immer drohender“ stellte sich für ihn das Problem, „ob eine Verkündigung unmittelbar oder mittelbar durch die Kunst nicht nur ein Widerspruch in sich, sondern geradezu ein lästerliches Unterfangen sei, das sich anmaßt, eine Welt der Ordnung und der Bewahrtheit der rätselhaften und gebrochenen Schöpfung Gottes gegenüberzustellen.“ Als er sein Dilemma dem englischen Dramatiker T. S. Eliot verständlich machen wollte, griff er als Beispiel auf Bachs gewaltige – und Hausmann selbst tief berührende – Matthäuspassion zurück und sprach davon, dass sie geradezu eine Verfälschung des Ernstes und des Verständnisses des Passionsgeschehens sei. „Wenn das Geschehen der Passion Christi in Musik gesetzt wird“, erklärte er dem verdutzten Engländer, „in erhabene, in einzigartige Musik, dann verliert es dadurch seinen tödlichen Ernst. Und je höher der künstlerische Wert der Musik ist, umso größer der Verlust an Ernst." Immer quälender erhob sich für ihn, dem doch „das Dichten immer so etwas wie eine Aussage der ‚tieferen Wahrheit‘ gewesen war“, die bange Frage, ob sein Dichten nicht gar ein „Verfälschen der Wahrheit, der Wirklichkeit, der Existenz vor Gott" sei. In seinen späten Schaffensjahren wich Hausmann dem als problematisch empfundenen Versuch, Dichtung mit Verkündigung zu verknüpfen, aus, indem er seine letzten Kurzgeschichten und Gedichte weitgehend von christlichen Gehalten freihielt.

Während des Dritten Reiches war Hausmann in Deutschland geblieben. Sein Verhalten während dieser Zeit ist immer wieder kontrovers diskutiert worden. Das liegt u. a. daran, dass es ihn damals an einer eindeutigen Positionierung gefehlt hat. Eine gewisse Ambivalenz, ein von ihm praktiziertes „Einerseits" und „Andererseits" drängt sich im Rückblick dem Betrachter auf. Wobei Versagen und Bewährung, Irrtum und Durchblick sich abgewechselt zu haben scheinen. Fest steht, dass seine Existenz als Dichter in jenen Jahren relativ ungefährdet gewesen ist. Zwar stand *Lampioon* für kurze Zeit auf dem Index des Propagandaministeriums, doch konnte Hausmann ungehindert andere Werke veröffentlichen. Auch erschien der eine oder andere publizistische Beitrag von ihm in der von den Nazis gelenkten Presse. In diesen Artikeln ist eine Anfälligkeit für ein deutsch-völkisches Denken, aber auch eine gewisse Verherrlichung des Krieges – als eine Art existenzieller Grenzerfahrung des Menschen – nicht zu übersehen.

Parteimitglied oder gar Antisemit war Hausmann jedoch nicht. Auch hat er sich – im Gegensatz zu nicht wenigen seiner Kollegen – weder an Huldigungsschreiben für den „Führer" noch an Hassbeiträgen gegen die Kriegsgegner beteiligt. Für Hausmanns Kinder ist ihr Vater eindeutig ein Gegner der Nationalsozialisten gewesen. Sie weisen unter anderem darauf hin, dass er seinen Söhnen verboten habe, dem „Jungvolk" beizutreten, dass er sich beharrlich dem Druck der Nazis widersetzt habe, in die NSDAP einzutreten, und dass er selbst in jener gefährlichen Zeit Freundschaften zu Juden beibehielt.[1] Hausmann selbst bekannte nach dem Krieg, im Dritten Reich weder Held noch Märtyrer gewesen zu sein. Auch vertrat er die Ansicht, dass wohl jeder, der jene zwölf Jahre überlebt habe, schuldig geworden sei. Leider versäumte er es, konkret zu benennen, worin er selbst geirrt und gefehlt hatte.

Nachdem Hausmann lange Zeit in Worpswede gewohnt hatte, zog er 1950 nach Bremen. In der ev.-reformierten Kirchengemeinde in Bremen-Rönnebeck arbeitete er als Presbyter aktiv mit. 1968 wurde er offiziell zum Ältestenprediger berufen. Sechsmal im Jahr hielt er in seiner Gemeinde vielbeachtete Predigten. Dabei war er bestrebt, das Wort Gottes in seinem Anspruch und Zuspruch an den Menschen zu verkündigen, und es auch dort, wo es dem Menschen unbequem erscheinen mochte, nicht nach eigenem Belieben umzudeuten. Eine Theologie, die die Gottessohnschaft Jesu und das in seiner Kreuzigung und Auferstehung liegende Heilsgeschehen leugnete, verlor für ihn den Anspruch, überhaupt noch Theologie zu sein. Da sie nicht um Gott kreise, sondern in ihrer Mitte der Mensch stehe, habe sie sich zur Anthropologie, zu einer Lehre über den Menschen entwickelt. Ihr „Gott" sei in Wirklichkeit „nur ein Gott von des Menschen Gnaden, nur ein von Menschen gestalteter Gott".

In seinem letzten Selbstbildnis meinte Hausmann: „Ich bin, wenn ich an die letzte Stunde denke, getrost. Was mir auch zustößt, einer weiß, warum es gerade so und nicht anders geschieht. Und wenn ich die Hand des liebsten Menschen loslassen und ‚es' allein abmachen muss, werde ich doch nicht verlassen sein. Ich weiß mich geborgen. (...) Die Ängste allerdings sind geblieben. Und eine neue hat sich den alten zugesellt, die Angst, den Menschen, mit denen ich umgehe, zu wenig Liebe erzeigt zu haben. (...) Versäumte Liebe lässt sich nicht nachholen. Vielleicht gibt das Wissen um die Unnachholbarkeit der versäumten Liebe einen Vorgeschmack der Hölle."

Am 6.8.1986 starb Manfred Hausmann im Alter von 87 Jahren.

Anmerkungen

[1] Ich beziehe mich hierbei u. a. auf einen Brief von Bettina Hausmann vom 12.7.2008 an mich, auf unveröffentlichte Briefe von Tjark Hausmann vom 31.1.1999 und vom 25.2.1999 an *Die Zeit* sowie auf einen unveröffentlichten Brief von Martin Hausmann vom 11.7.1999 an den Hausmann-Kritiker Arn Strohmeyer. Die Briefe wurden mir von Bettina und Tjark Hausmann freundlicherweise zur Verfügung gestellt.

Literatur- und Quellennachweis

Hausmann, Manfred: Wege und Umwege. Betrachtungen, Frankfurt/M. 1985

Hausmann, Manfred: Zwiesprache. Begegnungen mit dem Wort und mit großen Leuten, Frankfurt/M. 1985

Hausmann, Manfred: Selbstbildnisse. In: M. Hausmann: Kreise um eine Mitte, Neukirchen-Vluyn 1970 (2. Aufl.), S.7ff

Manfred Hausmann – Festschrift zu seinem 70. Geburtstag (hrsg. von Karlheinz Schauder), Frankfurt/M. 1968

Fiedler, Ulf (Hrsg.): Manfred Hausmann neu entdeckt, Bremen 1998

Klempnauer, Günther: Überlebenschancen. Prominenten-Interviews, Wuppertal 1970 (2. Aufl.), S. 73ff

Larese, Dino: Bei Manfred Hausmann, Amriswil 1982

Sarkowicz, Hans/Mentzer, Alf: Literatur in Nazi-Deutschland. Ein biografisches Lexikon, Hamburg 2002 (erw. und überarb. Neuausgabe)

Schauder, Karlheinz: Manfred Hausmann. Weg und Werk, Neukirchen-Vluyn 1979 (2., erw. Aufl.)

Schirmacher, Wolfgang: Ein Poet aus dem Glauben. In: WAZ v. 7.8.1986

Strohmeyer, Arn: Der Mitläufer. Manfred Hausmann und der Nationalsozialismus, Bremen 1999

Johann Heinrich Jung-Stilling:
Leben unter der Vorsehung Gottes

Er war aufgestiegen vom unbedeutenden Dorfschneider und Dorfschullehrer zum angesehenen Professor der Volkswirtschaft und Staatswissenschaften und stand im Ruf eines erfolgreichen Staroperateurs (im Doppelsinn des Wortes). Und als ob das nicht schon reichen würde, so war er außerdem noch Erfolgsschriftsteller und Freund des großen Goethe sowie Fürstenratgeber – und als tiefgläubiger, bekennender Christ zugleich „Patriarch" einer damals aufkommenden interkonfessionellen Erweckungsbewegung. Die Rede ist von dem Siegerländer Johann Heinrich Jung, besser bekannt als Jung-Stilling.

Den Zunahmen „Stilling" hatte sich Jung selbst zugelegt. Er wollte damit wohl ausdrücken, dass er sich eher den einfachen, frommen Menschen zugehörig fühlte: den sogenannten „Stillen im Lande" (Ps 35,20), die sich bemühten, ein Gott wohlgefälliges und seinem Willen ergebenes Leben zu führen.

Solche Leute waren auch die Vorfahren Stillings gewesen, der am 12. September 1740 in dem kleinen Siegerländer Flecken Grund bei Hilchenbach geboren wurde. Da sein Vater als Schneider mehr schlecht als recht von seinem Handwerk und der kleinen Landwirtschaft, die er nebenher betreibt, leben kann, nimmt er zeitweise auch noch eine Stelle als schlecht bezahlter Dorfschulmeister an. Bescheiden und von vorbildlicher Frömmigkeit ist auch das Leben des von dem Jungen über alles geliebten Großvaters, einem weisen, gütigen und überaus klugen Mann, der von Beruf Köhler und Kleinbauer ist.

Die Mutter des kleinen Johann Heinrich verstirbt schon früh. Der Vater erzieht den Halbwaisen streng und hält ihn von anderen Kindern fern. „So wie ich des Morgens aufgestanden war", erinnerte sich der Sohn später, „kniete mein Vater mit mir nieder und betete mit Inbrunst, besonders für mich; (...) dann bestand mein ganzes Geschäfte den Tag über im Lesen, Schreiben, Rechnen und Erlernung der Religionswahrheiten. (...) Um mich nicht zu ermüden, wechselte mein Vater mit meiner Lektüre ab, ich durfte auch mitunter Romane und Geschichten lesen."

Als der Schneidersohn schließlich mit sieben Jahren in die Dorfschule kommt, ist er den Mitschülern haushoch überlegen. Auf Vorschlag des Pfarrers wird er daher nach der Grundschule auf die Lateinschule in Hilchenbach geschickt. Nach Beendigung seiner Schulzeit ist es sein großer Wunsch, einmal Pfarrer zu werden.

Doch an ein Theologiestudium ist nicht zu denken. Stattdessen wird der Jugendliche nach seiner Konfirmation im April 1755 Schulmeister in verschiedenen kleinen Dörfern der näheren Umgebung. Nirgends ist seine Anstellung von Dauer. Nachdem er schließlich 1762 in Solingen eine Stelle als Schneidergeselle erhalten hat, kommt er später bei dem frommen Schneider Johann Jakob Becker in Radevormwald unter. Über diesen kommt Stilling in Kontakt zu pietistischen Kreisen im Bergischen Land. Er selbst hatte bereits vor nicht langer Zeit ein Bekehrungs- oder Erweckungserlebnis gehabt.

In seiner *Lebensgeschichte* berichtet Stilling – von sich in der dritten Person sprechend –, wie er an einem Sonntag im Juli durch eine Gasse der Stadt Solingen ging. Dabei „blickte er in die Höhe und sah eine lichte Wolke über seinem Haupte hinziehen; mit diesem Anblick durchdrang eine unbekannte Kraft seine Seele, ihm wurde so innig wohl (...) und konnte sich kaum enthalten, dass er nicht darnieder sank; von dem Augenblick an fühlte er eine unüberwindliche Neigung, ganz für die Ehre Gottes und das Wohl seiner Mitmenschen zu leben und zu sterben; seine Liebe zum Vater der Menschen und zum göttlichen Erlöser, desgleichen zu allen Menschen, war in dem Augenblick so groß, dass er willig sein Leben aufgeopfert hätte, wenn's nötig gewesen wäre. Dabei fühlte er einen unwiderstehlichen Trieb, über seine Gedanken, Worte und Werke zu wachen, damit sie alle gottgeziemend, angenehm und nützlich sein möchten. Auf der Stelle machte er einen festen und unwiderruflichen Bund mit Gott, sich hinführo lediglich Seiner Führung zu überlassen und keine eitlen Wünsche mehr zu hegen, (...)"

Nachdem Stilling ein Vierteljahr bei Meister Becker gearbeitet hat, wird der Unternehmer J. P. Flender aus Kräwinklerbrücke auf den ungewöhnlichen Schneidergesellen aufmerksam. Er stellt ihn nicht nur als Hauslehrer seiner Kinder an, sondern vermittelt ihm auch grundlegende Kenntnisse im Kaufmanns- und Fabrikwesen und betraut ihn sogar mit der Verwaltung mehrerer seiner Eisenhämmer und Landgüter. Überdies ermuntert er den so vielseitig interessierten und begabten jungen Mann auch noch zu einem Selbststudium der Medizin. Stilling ist begeistert! Er nimmt Kontakt mit verschiedenen Ärzten auf und liest sich in medizinische Fachliteratur ein. Und dann vermacht ihm auch noch 1768 ein katholischer Geistlicher kurz vor seinem

Tod seine geheimen Rezepturen zur Behandlung von Augenleiden. Da Stilling inzwischen überzeugt ist, zum Arzt berufen zu sein, gibt er schließlich 1770 seine Stelle bei Flender auf und beginnt an der Straßburger Universität ein Medizinstudium.

Es braucht nicht lange, da fällt er bereits den dortigen Professoren durch seine Kenntnisse und seinen großen Fleiß auf. Obwohl das Medizinstudium auf mindestens vier Jahre angelegt ist, besteht Stilling bereits nach nur drei Semestern sein Examen glänzend. Während seines Studienaufenthaltes in Straßburg kommt er mit einem Kreis von Männern zusammen, der sich um den damals 21-jährigen Jurastudenten Goethe gebildet hatte. Goethe ist von der Lauterkeit und Gläubigkeit Jung-Stillings sehr beeindruckt. Bald schon kommt es zwischen den beiden zur Freundschaft.

Später schrieb Goethe über seinen frommen Freund u. a.: „Wenn man ihn näher kennen lernte, so fand man an ihm einen gesunden Menschenverstand, der auf dem Gemüt ruhte (...), und aus eben diesem Gemüt entsprang ein Enthusiasmus für das Gute, Wahre und Rechte in möglichster Reinheit. (...) Das Element seiner Energie war ein unverwüstlicher Glaube an Gott und an eine unmittelbar von daher fließende Hilfe. (...) Sein Glaube duldete keinen Zweifel und seine Überzeugung keinen Spott. Und wenn er in freundlicher Mitteilung unerschöpflich war; so stockte gleich alles bei ihm, wenn er Widerspruch erlitt. Ich half ihm in solchen Fällen gelegentlich über, wofür er mich mit aufrichtiger Neigung belohnte. (...) Die Richtung seines Geistes war mir angenehm und seinen Wunderglauben, der ihm so wohl zu Statten kam, ließ ich unangetastet."

Nach Abschluss seines Studiums lässt sich Stilling im Mai 1772 in Elberfeld nieder, wo er eine Arztpraxis eröffnet. Doch die besser gestellten Patienten suchen nach wie vor ihre bisherigen Hausärzte auf. So verbleiben dem neuen Arzt nur die unterbemittelten Kranken, die oftmals nicht in der Lage sind, ihre Behandlung zu bezahlen. Auch gibt es unschöne Intrigen gegen ihn.

Im Frühjahr 1773 wagt sich Stilling das erste Mal an eine Staroperation. Gleich sein erster Operationsversuch verläuft erfolgreich. Im Verlauf seines weiteren Lebens wurde Stilling zu einem berühmten Staroperateur. Weit über 2000 Menschen soll er das Augenlicht wiedergeschenkt haben. Und das in der Regel kostenlos. Nur von wohlhabenden Patienten nahm er freiwillige Zuwendungen entgegen.

Im Jahr 1778 wird Stilling, der nicht zuletzt durch seine Zeit bei dem Unternehmer Flender über vielfältige Kenntnisse in Wirtschaftsangelegenheiten verfügte und auch schon erste entsprechende Abhandlungen verfasst hatte, Professor für Landwirtschaft, Technologie, Handel und Vieharzneikunde an einer Hochschule in Kaiserslautern. 1787 beruft ihn der Landgraf von Hessen zum Professor der „Ökonomie-, Finanz- und Kameralwissenschaften“ an die Universität Marburg, wo er sechzehn Jahre seinen Lehrdienst verrichtet.

Jung-Stilling hat in seinem Leben häufig unter drückenden Schulden gestanden. Erstaunlicherweise hat er aber immer wieder erleben dürfen, dass gerade dann, wenn die Not am größten war, ihm oft auf geradezu wunderbare Weise herausgeholfen wurde. Bei dem folgenden Beispiel, das für viele andere stehen soll, wurde sogar Goethe unbewusst zu einem Werkzeug göttlichen Eingreifens. Es war noch in Stillings Zeit als Arzt in Elberfeld gewesen, als er dringend einen größeren Geldbetrag benötigte. Bis zu einem ganz bestimmten Zeitpunkt – es ist ein Freitag – ist ihm eine Frist gesetzt. Im vierten Teil seiner *Lebensgeschichte*, erfahren wir: „Jetzt ging dem armen Stilling wieder das Wasser an die Seele; oft lief er auf seine Schlafkammer, fiel auf sein Angesicht, weinte und flehte zu Gott um Hilfe (...), allein es zeigte sich keine Spur, an so viel Geld zu kommen. Endlich brach der furchtbare Freitag an, beide (Stilling und seine Frau; M.H.) beteten den ganzen Morgen während ihren Geschäften unaufhörlich. (...) Um zehn Uhr trat der Briefträger zur Tür herein; in einer Hand hielt er das Quittungsbüchelchen und in der andern einen schwer beladenen Brief. Voller Ahnung nahm ihn Stilling an, es war Goethens Hand und seitwärts stand: beschwert mit hundertundfünfzehn Reichstaler in Golde. Mit Erstaunen brach er den Brief auf, las – und fand, dass Freund Goethe (...) den Anfang seiner Geschichte unter dem Titel ‚Stillings Jugend‘ hatte drucken lassen, und hier war das Honorar.“

Goethe hatte seinen Freund einst ermutigt, seine „Lebensgeschichte“ niederzuschreiben (*Heinrich Stillings Jugend*), und diese dann ohne sein Wissen veröffentlicht. Mit zweierlei Folgen: Jung-Stilling fand aus jener eben beschriebenen finanziellen Notlage heraus und gleichzeitig nahm seine Karriere als Schriftsteller ihren Anfang.

In den Jahren 1793/94 schrieb Stilling seinen großen allegorischen Roman *Das Heimweh*, welchen er mit dem schönen Satz einleitete: „Selig sind, die das Heimweh haben, denn sie sollen nach Hause kommen.“ In dem unter dem Eindruck der Französischen Revolution entstandenem Werk versucht er anhand des Pilgerweges seines Protagonisten Christian Ostenheim zu zeigen, wie der gläubige Christ sicher durch die Bedrohungen und Prüfungen der Endzeit zur himmlischen Heimat gelangen kann. Der „Heimweh"-Roman wurde in viele Sprachen übersetzt und fand eine große Lesergemeinde. Das führte neben der Verbreitung weiterer christlicher Werke Stillings dazu, dass der Marburger Professor von immer mehr Menschen um Rat und Belehrung gebeten wurde. Er spürt, dass er sich (wieder einmal) an einer Wegscheidung befand. „Der Grundtrieb", so bemerkt er, „den er von Kind auf so stark empfunden hatte, ein wirksames Werkzeug zum Besten der Religion in der Hand des Herrn zu werden (...), stand jetzt in größerer Klarheit vor seinen Augen als jemals und erfüllte ihn mit Sehnsucht, von allem Irdischen losgemacht zu werden, um dem Herrn und seinem Reich ganz allein und aus allen Kräften dienen zu können."[1]

Welch eine wunderbare Fügung ist es daher für Stilling, als er 1803 vom frommen badischen Kurfürsten Karl Friedrich nach Heidelberg (und später nach Karlsruhe) gerufen und als dessen persönlicher Ratgeber in Dienst gestellt wird! Ausdrücklich erteilt der Fürst ihm die Order: „Ich entbinde Sie (...) von allen irdischen Verbindlichkeiten und trage Ihnen auf, durch Ihren Briefwechsel und Schriftstellerei Religion und praktisches Christentum (...) zu befördern; dazu berufe und besolde ich Sie."

Stilling sieht sich nun in die Lage versetzt, mehr denn je durch Besuche, Briefe und Schrifttum auf viele gläubige Christen im In- und Ausland einzuwirken. Am 10. Juli 1814 empfängt ihn im Schloss zu Bruchsal sogar der dort weilende Zar Alexander I. – der damals wohl mächtigste Herrscher der Welt – zu einem längeren Vier-Augen-Gespräch.[2] Der Zar ist so angetan von seinem Gast, dass er ihm fortan eine jährliche Pension bewilligt.[3]

Als Stilling am 2. April 1817 verstarb, hatte die überkonfessionelle Erweckungsbewegung, die sich damals in vielen europäischen Ländern etablierte, einen ihrer wichtigsten Wegbereiter verloren. Seine lautere, faszinierende Persönlichkeit hat ungezählte Menschen beeindruckt und (positiv) beeinflusst.

Blickt man auf Stillings Lebenslauf, könnte man meinen, er sei nur geradlinig verlaufen. Doch dem war nicht so. Auch sein Leben kannte Leiden mancherlei Art. So verlor er drei seiner Ehefrauen durch Krankheit. Mehrere seiner Kinder verstarben vor ihm. Und auch Zweifel- und Anfechtungsphasen waren ihm nicht unbekannt. So setzte die neuzeitliche philosophische Strömung des Determinismus, welcher die Freiheit menschlichen Willens und menschlicher Handlungen sowie ein Eingreifen Gottes in das Leben der Menschen bestreitet, seinem kindlich-frommen Glauben lange Zeit heftig zu. In *Lehrjahre*, dem fünften Teil seiner *Lebensgeschichte*, schreibt er: „Stilling war durch die Leibnitz-Wolffische Philosophie in die schwere Gefangenschaft des Determinismus geraten – über zwanzig Jahre hatte er mit Gebet und Flehen gegen diesen Riesen gekämpft, (...) Er hatte zwar immer die Freiheit des Willens und der menschlichen Handlungen in seinen Schriften behauptet und gegen alle Einwürfe seiner Vernunft auch geglaubt; er hatte auch immer gebetet, obgleich jener Riese ihm immer ins Ohr lispelte: dein Beten hilft nicht, denn was Gott in seinem Ratschluss beschlossen hat, das geschieht, du magst beten oder nicht. (...) Ach Gott! – Diese Anfechtung war schrecklich! – Die ganze Wonne der Religion, ihre Verheißungen dieses und des zukünftigen Lebens (...) wird zum täuschenden Dunstbild, sobald man dem Determinismus Gehör gibt."

Da wird er auf Kants *Kritik der reinen Vernunft* verwiesen. Die Lektüre dieses philosophischen Werks machte seinem „Kampf mit dem Determinismus" ein Ende. „Kant beweist da", so stellt Stilling fest, „(...) dass die menschliche Vernunft außer den Grenzen der Sinnenwelt ganz und gar nichts weiß; dass sie in übersinnlichen Dingen allemal – so oft sie aus ihren eigenen Prinzipien urteilt und schließt – (...) sich selbst widerspricht." Für Stilling ist Kants Buch geradezu „ein Kommentar über die Worte des Paulus: der natürliche Mensch vernimmt nichts von den Dingen, die des Geistes Gottes sind, sie sind ihm eine Torheit usw." Weiter schreibt Stilling: „Jetzt war Stillings Seele wie emporgeflügelt; es war ihm bisher unerträglich gewesen, dass die menschliche Vernunft – dies göttliche Geschenk, das uns von den Tieren unterscheidet – der Religion, die ihm über alles teuer war, so schnurgerade entgegen sein sollte; aber nun fand er alles passend und gottgeziemend, er fand die Quelle übersinnlicher Wahrheiten in der Offenbarung Gottes an die Menschen in der Bibel und die Quelle aller der Wahrheiten, die zu diesem Erdenleben gehören, in Natur und Vernunft."[4]

Seinen erstaunlichen Lebensverlauf hat Jung-Stilling stets auf Gottes gnädige Vorsehung zurückgeführt. Seine diesbezüglichen Glaubenserfahrungen hatten für ihn fast schon die Qualität eines Gottesbeweises. Hierzu sei angemerkt, dass Christen gewiss gut daran tun, der göttlichen Vorsehung zu vertrauen und achtsam (und dankbar) für Gottes Führungen und Bewahrungen in ihrem eigenen Leben zu sein. Dabei sollten sie aber auch berücksichtigen, was der Jung-Stilling-Forscher Max Geiger einmal so ausdrückte: dass nämlich zu dem Glauben an die göttliche Vorsehung „auch die Erwartung gehört, dass die Wege der christlichen Gemeinde immer wieder vom Kreuz beschattete Wege sind, dass Gott sich vor unseren Augen verhüllt und dass wir längst nicht in allen Fällen die Sinnhaftigkeit dessen einsehen können, was Menschen zugemutet wird".

Anmerkungen

[1] Der Jung-Stilling-Biograph Otto W. Hahn bemerkt zu der „in der Literatur mehrfach geäußerte(n) Behauptung, Jung-Stilling habe mit seinem ‚Heimweh'-Roman die große schwäbische Auswanderungsbewegung nach Südrussland ausgelöst", unter anderem: „Grundsätzlich ist zu sagen, dass die Behauptung in dieser Form historisch nicht aufrechterhalten werden kann. Denn es gab ja bereits eine planmäßige und gelenkte Ansiedlung deutscher Auswanderer in Russland seit der Zeit der Zarin Katharina II. (1729-1796), die in zwei Manifesten (...) mit verlockenden Privilegien zur Einwanderung aufforderte, um die bevölkerungsarmen Gebiete ihres Landes zu kolonialisieren. (...) Und die Kolonisationspolitik zur Zeit Alexanders I. (1774-1825, Zar seit 1801) förderte nach wie vor den Auswanderungswunsch vieler Bewohner süddeutscher Kleinstaaten, die unter den politischen Verhältnissen (...) ebenso wie unter den wirtschaftlichen (...) und religiösen Verhältnissen (...) zu leiden hatten." Dennoch räumt Otto W. Hahn ein, dass „auf fromm gesinnte Auswanderer der Aufruf Alexanders I. besonders anziehend (wirkte), weil er als gläubiger Monarch, der die Anliegen der Erweckung förderte, ihr Vertrauen genoss. Sie erinnerten sich daran, dass einst schon Johann Albrecht Bengel (1687-1752) in seiner Auslegung der Apokalypse geäußert hatte, die Christen könnten in Russland vor dem Anbruch des Tausendjährigen Reiches Frieden und Sicherheit finden. Jung-Stillings Anspielungen auf einen Zufluchtsort im Osten bekräftigten jene Aussagen." Hahn weist aber auch darauf hin, „dass Jung-Stillings Rede von dem Zufluchtsort Solyma (in seinem „Heimweh"-Roman; M.H.) nicht als Einladung zur Auswanderung gedacht war".

[2] Gerhard Merk bemerkt in dem Zusammenhang: „Im September 1815 wird zwischen Russland, Österreich und Preußen die ‚Heilige Allianz' geschlossen. Sie ist ein feierliches Versprechen der Fürsten und ihrer Völker, sich im christlichen Geiste beizustehen. Fernziel ist gar die brüderliche Vereinigung: ein Völkerbund. Sowohl im Inhalt des Übereinkommens als Ganzem wie auch in einzelnen Vertragsabschnitten sind Begriffe, Vorstellungen und Gedanken Stillings deutlich erkennbar. Dies konnten die Fachleute im Einzelnen aufzeigen."

[3] Über seine Unterredung mit dem Zaren teilte Jung-Stilling wenige Tage später seinem Schweizer Glaubensbruder Christian Friedrich Spittler in einem vertraulichen Brief u.a. mit: „Nun erinnerte ich ihn an die Bibelgesellschaft in Russland und bat ihn, sie mit Ernst zu unterstützen. ‚Ja', antwortete er, ‚das werde ich gewiss, ich stehe ja an der Spitze.' (...) Dann fragte er mich über die verschiedenen Religionsparteien und äußerte sich, dass ihm die Herrnhuter Grundsätze am besten gefielen. (...) Nun fragte er mich, worin ich eigentlich das wahre Praktische des Christentums im Geist und in der Wahrheit setzte. Ich antwortete, der wahre Glaube an Jesum Christum den Gekreuzigten sei der Grundstein allein; danach sei die Übertragung einfach, sie bestehe: 1. In einer gänzlichen Übergabe ohne einzigen Vorbehalt an den Willen des Herrn Jesu Christi, 2. In einem beständigen Bleiben in Ihm durch die Einkehr und 3. In dem inneren unaufhörlichen Herzensgebet. Der Kaiser ergriff mich an beiden Händen und mit Freudentränen sagte er: ‚Das ist seit ein paar Jahren auch meine beständige Übung; (...) Dann schlossen wir einen Bund zusammen, dem Herrn treu zu sein bis in den Tod."

[4] Mit Kants Ausführungen in *Kritik der praktischen Vernunft* und in *Die Religion innerhalb der Grenzen der bloßen Vernunft* konnte Stilling aber nicht konform gehen, da „Kant die Quelle übersinnlicher Wahrheiten nicht im Evangelium, sondern im Moralprinzip suchte". Kritisch merkte er an: „Das reine Moralprinzip ist eine bloße Form, eine leere Fähigkeit, das Gute und Böse zu erkennen; aber nun zeige mir mal einer irgendwo einen Menschen im Zustand des reinen Moralprinzips! – alle werden von Jugend auf durch mancherlei Irrsale getäuscht, so dass sie Böses für gut und Gutes für bös halten. – Wenn das Moralprinzip zum richtigen Führer der menschlichen Handlungen werden soll, so muss ihm das wahre Gute und Schöne aus einer reinen, unfehlbaren Quelle – weil es an sich nur eine leere Form ist – gegeben werden. Aber nun zeige man mir eine solche reine, unfehlbare Quelle außer der Bibel!"

Literatur- und Quellennachweis

Bloedhorn, Hans: Durch schwere Prüfungen für das Werk Gottes zubereitet. Johann Heinrich Jung-Stilling zum 150. Todestag. In: Die Gemeinde 14/1967, S. 5-7

Geiger, Max: Johann Heinrich Jung-Stilling. Christlicher Glaube zwischen Orthodoxie und Moderne. Zürich 1968

Kranz, Gisbert: Jung-Stilling, Johann Heinrich. In: G. Kranz: Lexikon der christlichen Weltliteratur. Freiburg 1978

Hahn, Otto W.: Das „Heimweh" von Jung-Stilling. Leicht veränderte, autorisierte Online-Fassung aus Michael Frost (Hrsg.): Blicke auf Jung-Stilling. Festschrift zum 60. Geburtstag von Gerhard Merk. Kreuztal 1991

Hahn, Otto W.: Johann Heinrich Jung-Stilling. Wuppertal 1990

Jung-Stilling, Johann Heinrich: Lebensgeschichte. Darmstadt 1976

Hesse, Hermann: „Jung-Stillings Jugend". In: H. Hesse: Eine Literaturgeschichte in Rezensionen und Aufsätzen. Frankfurt/M. 1994 (5. Aufl.), S. 137f

Merk, Gerhard: Jung-Stilling. Ein Umriss seines Lebens. Siegen 2014

Willy Kramp:
Herausgeforderter Glaube im „Dritten Reich"

Neben Manfred Hausmann und Albrecht Goes ist Willy Kramp (1909-1986) einer der letzten protestantischen Dichter von Rang. Sein Erstlingsroman *Die Fischer von Lissau* wurde ebenso ein Bestseller wie sein Buch *Brüder und Knechte*, in dem er seine Erlebnisse als Kriegsgefangener schriftstellerisch verarbeitet.

Geboren wurde Willy Kramp am 18. Juni 1909 in der elsässischen Industriestadt Mühlhausen. Sein Vater, aus Westpreußen stammend, versah hier als einfacher Bahnbeamter auf dem städtischen Güterbahnhof seinen Dienst. Auch die Mutter war keine Einheimische; sie kam aus Ostpreußen.

Nach dem Ende des Ersten Weltkriegs werden die Eltern aus dem Elsass vertrieben. Mit ihren Kindern ziehen sie nach Stolp in Hinterpommern. Nachdem Willy Kramp acht Jahre lang das örtliche Gymnasium besucht und sein Abitur gemacht hat, studiert er Germanistik, Englisch und Philosophie. 1934 promoviert er in Königsberg zum Dr. phil.

Willy Kramp bleibt in Ostpreußen. In der Nähe von Königsberg wohnt er in einem alten Gutshaus, das zu dem Haffdörfchen Margen-Nautzwinkel gehört, zur Miete. 1939 – Kramp hat inzwischen eine Masurin aus Palmnicken geheiratet – lässt er sich im benachbarten Haffdorf Caporn nieder. Auf eine „bürgerliche Karriere" als beamteter Lehrer verzichtet er. Dies hätte zum einen eine Mitgliedschaft in der NSDAP nahegelegt (wozu er nicht bereit war), und zum anderen war es sowieso seine Absicht, „Schriftsteller" zu werden. Um sich finanziell durchschlagen zu können, gibt er an drei Tagen in der Woche an einer Privatschule in Königsberg Unterricht.

In seiner Studienzeit hatte Kramp einmal eine Art von mystischer Erfahrung gemacht, die er später so schilderte: „Einmal – ein einziges Mal in meinem Leben – hatte ich selbst ein Erlebnis, das (...) mir doch wenigstens den Zugang eröffnete zu der Spontaneität religiöser Überwältigungen. Ich war Student und hatte einen Abend (...) in oberflächlicher Geselligkeit verbracht. Als ich auf mein Zimmer zurückkehrte (...), setzte ich mich auf den Bettrand, schloss die Augen – und hatte augenblicklich die Vorstellung eines mit Millionen Sternen ruhig kreisenden Weltalls. Ich öffnete die Augen, erhob mich und ging zu meinem Stuhl am Schreibtisch. Dort schloss ich die

Augen wieder, entspannte mich – und erneut war da die gleiche Vorstellung: der Kosmos, majestätisch in sich kreisend, aber nun gleichsam sprechend und beseelt. Seine kreisende Ruhe hatte etwas Personhaftes, war Ausdruck eines erhabenen Willens – ja war dieser Wille selbst, der sich aussprach. Ich öffnete die Augen wieder, aber die Vorstellung war nun auf dem Grund meiner Seele. Und sie *blieb* dort. Sie war ein WORT, das zu mir gesprochen wurde und das mich unsagbar ruhig und glücklich machte. Das WORT sprach von dem Schöpfer, der mein eigenes Sein in dem großen Sein der Welt auf ewig erhielt und trug ... Ich vermag nicht zu sagen, wie lange dieses Gefühl beseligender Geborgenheit auf dem Grund eines göttlichen Zuspruchs anhielt. Jenen Abend jedenfalls blieb es; und die Tatsache, dass ich später, auch in turbulenten und hoffnungslosen Situationen, darauf zurückgreifen konnte, beweist ja, dass es sehr stark, sehr real war."

Kramp nennt diese Erfahrung aber nicht ein „Bekehrungserlebnis", da er ja nicht „vom Unglauben zum Glauben ‚bekehrt' wurde; auch nicht von einer subjektiven Verstocktheit zu reuevoller Einsicht". Er habe „niemals ein spontanes Bekehrungserlebnis gehabt", vielmehr habe er „mit kleinen, kleinsten Schritten versucht, auf die Mitte der christlichen Offenbarung zuzugehen, dabei immer wieder abgelenkt, immer erneut zweifelnd, ins Wesenlose abgleitend, in Dunkel und Trauer tappend und dabei doch in einer tiefsten Schicht meiner Existenz überzeugt davon, dass es dieses göttliche Außer-mir und Für-mich gebe; dass Erlösung da sei und dass ich mich auf sie berufen dürfe, wie und wann auch immer." Ferner hatte aber auch die Beschäftigung mit der Lebens- und Wirkungsgeschichte des bekannten protestantischen Pfarrers Johann Christoph Blumhardt (1805-1880), unter dessen Dienst und Gebet im württembergischen Möttlingen und später in Boll sich viele wundersame Heilungen ereignet hatten, in Kramps jungen Jahren „wesentlich dazu beigetragen, dass ich mich der Kirche Christi enger und bewusster anschloss". Hinzu kamen dann später Erfahrungen, die Kramp im Dritten Reich gemacht hatte.

So waren Kramp schon früh die Augen über den unmenschlichen, antichristlichen, ja dämonischen Charakter der nationalsozialistischen Bewegung in einer Weise aufgegangen, dass diese Erlebnisse für sein Glaubens- und Wirklichkeitsverständnis nicht folgenlos bleiben konnten. Kramp: „Im Sommer 1934 wurde ich von der Reichsjugendführung zur Teilnahme an einem Zeltlager eingeladen, das ‚alle schöpferischen Kräfte der jungen Generation zusammenführen' sollte. In der Tat war dieses Treffen im Schwarzwald etwas Besonderes, weil sich hier ein letztes Mal junge Künstler und

Kunstvermittler aller Haltungen und Richtungen im offenen Gespräch zusammenfanden. (...) In die Tage jener Zusammenkunft fielen zwei Ereignisse: der Zusammenbruch des ersten Naziputsches in Österreich und der Tod des Reichspräsidenten von Hindenburg. Als uns die Nachricht vom Scheitern des Wiener Putsches durch einen höheren HJ-Führer übermittelt wurde, geschah dies in Ausdrücken schäumenden Hasses, und die Antwort war ein vielstimmiger Wutschrei, den ich noch heute im Ohr habe ... Später hörten wir gemeinsam die Funkübertragung von Hindenburgs Beerdigungszeremoniell, und als aus dem Lautsprecher die Worte des Vaterunsers drangen, sah ich unmittelbar vor mir zwei Mädchen unseres Kreises (...) demonstrativ die Hände hinter den Rücken legen. Ein paar Augenblicke darauf – die Übertragung war beendet – wandten sie sich zu mir um, und ich erschrak über den Ausdruck von Wut und Hohn auf ihren Gesichtern. (...) In diesem Augenblick, angesichts der verzerrten Mädchengesichter, fühlte ich, dass Unwiderruflich-Unheilvolles über unser Volk beschlossen sei."

Als dann auch noch „in der letzten (oder vorletzten) Nacht sich ein ungewöhnlich heftiger Wolkenbruch" auf die Zelte ergoss und es danach „– ich weiß nicht mehr, aus welchem Grunde – eine ‚Schlacht' zwischen und in den Zelten (gab)", da ist es Kramp, als ob „dem Ausdruck des Elements ein so rauschhafter Ausbruch von dionysischen Kräften (antwortete), dass sich in mir das Gefühl verstärkte, hier spiele eine Dimension mit, die sich menschlicher Kontrolle entzog."

Bereits im Jahr zuvor hatte Kramp ein ihn ähnlich erschütterndes Erlebnis gehabt, das dem im Zeltlager erfolgten gar nicht einmal so unähnlich war. Damals war er im Haus seines Freundes Fritz von der Schulenburg, dem späteren Mitglied der gegen Hitler gerichteten Widerstandsbewegung, dem ostpreußischen Gauleiter Erich Koch begegnet. „Sein Pathos", so Kramp, „schien mir – anfangs – subjektiv echt; etwa wenn er über soziale Reformen sprach. Im Übrigen aber war es peinigend, ihm zuzuhören, während er burschikos und truthahnhaft eitel stundenlang monologisierte. Erst als er sich müde geredet hatte, kam – zufällig – die kirchliche Frage auf. Koch berichtete von einer landeskirchlichen Delegation, die er den Tag zuvor kurz abgefertigt habe; er machte sich über die ‚Pfaffen' lustig, die er zur Genüge kennengelernt habe, (...) Aber er und seine Freunde würden jetzt das wahre Christentum bringen: das Christentum der Tat statt des jüdischen Knechtschristentums ... An dieser Stelle genügte der zaghafte Widerspruch des x-beliebigen jungen Studenten, um den Mann und die Atmosphäre erschreckend zu verändern. (...) Koch sprach – auf meine Widerrede hin – nicht mehr selbstgenießerisch-bramarbasierend wie zuvor, sondern in einem wütenden, boshaften, ja verzweifelten Ernst. Ich meine es wörtlich, wenn ich sage: ich habe hier zum ersten Mal in meinem Leben das Gefühl gehabt, einem Besessenen gegenüberzusitzen. Mir war, als sei der Mann von einer fühlbaren manifesten Atmosphäre des Bösen umgeben; ja als rede er nicht selbst, sondern als rede es aus ihm: fluchend, tobend, angstvoll ... (...) Wenn man – etwa im Film – heute eine politische Massenversammlung aus jener Zeit sieht und hört, kann man es nicht fassen, dass damals nicht jedermann über die wahre Natur solcher düsterer Rituale im Bilde gewesen sein soll. Aber eben dies ist ja das Wesen des Dämonischen: dass es den Menschen seiner Urteilsfähigkeit beraubt, ihm keine Distanz zu sich selbst und den Dingen, kein Eigentlich-Sein erlaubt. Der Ort, wo – von meiner Sicht aus – der Kampf um das Eigentlich-Sein und gegen die dämonische Entmündigung des Menschen still und zäh gekämpft werden konnte, war die Kirche. Genauer gesagt: jener Teil der Kirche, der in die allgemeine Suggestion nicht hineingezogen war."

Mit der letzten Aussage ist uns schon der Hinweis auf den anderen, gewissermaßen positiven Pol gegeben, der Kramp zu jener deutlich christlich ausgerichteten Positionierung seines Lebens veranlassen sollte. Gemeint ist seine Begegnung mit der Bekennenden Kirche, der sein Bruder Erich als Vikar von Anfang an angehörte. Die Bekennende Kirche hatte sich ja in den evangelischen Landeskirchen als Gegenbewegung zu der innerkirchlichen Gruppierung der „Deutschen Christen" formiert, deren nationalsozialistische Anhänger eine Gleichschaltung der Kirche mit der NS-Ideologie anstrebten und im Begriff waren, die Kirche personell und programmatisch zu unterwandern. Kramp: „Jesus Christus: das war plötzlich nicht bloß Chiffre für ein bestimmtes Seinsverständnis oder ethisches Verhalten. Hier war auf einmal Person, Herrschaft, Befehl. Hier galt es, sich für oder wider zu entscheiden; denn auch die dämonische Gegenmacht enthüllte je länger desto deutlicher ihre grausige Gestalt."

Und an anderer Stelle schreibt Kramp: „Ich war auf mancherlei Umwegen in die Kirche – und das konnte damals nur heißen: in die Bekennende Kirche – hineingenommen worden, mit ihr durch eine ‚erste Liebe' verbunden. Sie schärfte mir den Blick für das Unrecht, die Lüge, das Verbrechen jener Zeit; sie schärfte mir den Blick auch für die Hilflosigkeit der Menschen, für ihre Angst, die sie tun ließ, was sie selber nicht wollten. Kurz: Sie schärfte mir den Blick für die Sünde, in der wir alle leben und von der nur Jesus Christus befreit." Und: „Was mich persönlich damals in die Kirche zog, das war die schwer zu fassende Tatsache, dass gerade eine Verkündigung, die von der Transzendenz her bestimmt war, tief in die politische Realität hineinwirkte."

Nachdem sich Willy Kramp der Bekennenden Kirche angeschlossen hat, hält er in den Gemeinden Vorträge oder hilft mit Predigtdiensten aus. Und das in einer Situation, in der bekenntnistreue Geistliche von der Gestapo bespitzelt, teilweise sogar verhaftet wurden. „Wisst ihr noch", wird Kramp später in einem Vortrag seine Zuhörer fragen, „mit welchen Gefühlen wir unter den Kanzeln saßen und die Abkündigungen hörten, die dort oben gleichsam unter Tränen, in einem letzten zitternden Einsatz von Glaubensmut vorgebracht wurden – verzweifelte Proteste gegen Verfolgung, Unrecht und Unmenschlichkeit? Ausgesprochen über den Köpfen einer Gemeinde, die nur zu genau wusste, dass die Häscher und Verräter in ihrer Mitte waren. (...) Wisst ihr noch, wie wir in unseren Höhlen beisammensaßen und nach draußen deuteten – nach draußen, wo der Sturm wütete? Aber wie wir auch (...) die Schrifttexte hervorzogen und sie uns gegenseitig darreichten: Worte des Heils, des Trostes, der Ermutigung? Die Herrnhuter Losungen wurden zur unmittelbaren täglichen Wegweisung, gewannen einen praktisch-prophetischen Charakter. Die tägliche Lesung in der Bibel war Nahrung, die man aß wie Brot. Die auf grobem Papier abgezogenen Predigten Martin Niemöllers wurden ein Licht auf dem Wege. (...) Die Gemeinde war umstellt; immer grausamer wurde sie eingeschnürt. Aber das Wort bewahrt vor Verzweiflung und Zusammenbruch. (...) Und wenn die Kirche nicht mehr stark genug war, die ‚Welt' zu prägen in ihrer Gesittung, ihren Anschauungen – immer noch half sie durch das Wort des Evangeliums Maßstäbe dessen zu setzen, was Wahrheit und was Lüge war."

1939 erscheint Kramps Roman *Die Fischer von Lissau*, zu dessen Inhalt er durch die Bekanntschaft und Gespräche mit den am Frischen Haff lebenden Fischern angeregt worden war. Das Buch wurde ein Erfolg und ist Kramps gelungenstes und reifstes Romanwerk. Zu seiner nicht geringen Verwunderung sollte dieses Werk ihm Schwierigkeiten mit den Nazis einbringen. So kritisierte die Reichsschrifttumskammer, dass er auf einer der ersten Seiten des Romans ein längeres Zitat aus dem Buch der Makkabäer gesetzt habe. Sie forderte den jungen Autor bei Androhung einer Sperrung der für den Druck benötigten Papierzuteilung zur Streichung der entsprechenden Passage auf. Doch Willy Kramp gab nicht nach, und sein Verlag konnte sich das Papier aus Schweden besorgen. Auch wurde Kramp zum Gaupropagandaleiter zitiert, der ihm vorwarf, die im Roman vorkommenden Personen nicht nach dem nationalsozialistischen Menschenbild dargestellt zu haben. „Ich hatte“, so Kramp, „die Geschichte einer religiösen Erweckung am Frischen Haff erzählt; die Menschen, von denen ich berichtete, kannte ich: ihre schweren kreatürlichen Gebundenheiten, aber auch ihre Hingabefähigkeit, ihre Würde, ihren Glauben, ihr Verlangen nach Freiheit. (...) Ich bemühte mich, das Denken, Fühlen und Handeln der Menschen, mit denen ich zusammenlebte, wirklichkeitsgemäß zu schildern; dabei ergab sich (für mich jedenfalls), dass die Bibel die nüchterne Wahrheit über den Menschen spricht und dass Luthers ‚zugleich Sünder und gerecht‘ aus dieser Wahrheit stammt. Aber genau dies: dass wir allzumal so erlösungsbedürftig wie erlösungsfähig sind, genau dies war die Botschaft, der die Herrschenden Todfeindschaft angesagt hatten, auf die in jener Zeit jedoch viele inbrünstig warteten.“

Im März 1939, einem halben Jahr vor Beginn des Zweiten Weltkriegs, war es Kramp auf Rat und Vermittlung eines ehemaligen Studienfreundes gelungen, bei der „Dienststelle für Eignungsuntersuchungen des Heeres“ als Psychologe unterzukommen. Dieses Beschäftigungsverhältnis hatte nicht nur den Vorteil, dass es ihm ein geregeltes Einkommen garantierte, sondern es bot ihm, dem Schriftsteller und aktiven Mitglied der Bekennenden Kirche, auch einen gewissen Schutzraum vor Übergriffen der Nazis.

An dem Zweiten Weltkrieg braucht Kramp erst relativ spät teilzunehmen. Nach kurzer Ausbildung zum Funker ist er seit 1943 Soldat bei der Nachrichtentruppe. Im Frühjahr 1944 lernt er den jungen, kriegsversehrten Major von Hößlin kennen. Der ist von Kramp so angetan, dass er ihn als Ordonnanzoffizier an der ihm unterstellten Offiziersbewerber-Schule in Insterburg anfordert und ihn nur wenig später zum geheimen Mitwisser einer real existierenden Verschwörung und eines kurz bevorstehenden Attentats auf den „Führer“ macht. Kramp ist, seitdem Hößlin ihn ins Vertrauen gezogen hat, von einer unbestimmten Angst vor einem Ungewissen, einem sich bedrohlich Nahendem erfasst.

Und dann erreicht ihn die Nachricht von dem misslungenen Attentat auf Hitler am 20. Juli 1944! Die Nachricht von Stauffenbergs Hinrichtung. Die Nachrichten von weiteren, immer neuen Verhaftungen und Erschießungen. Doch Hößlin geschieht voerst noch nichts. Aber die Ungewissheit bleibt. Existieren womöglich noch Listen, auf denen Hößlins Name, vielleicht auch sein eigener, vermerkt ist? (Immerhin hatte Hößlin in ständigem Kontakt zu Stauffenberg gestanden!)

Bald nach dem Anschlag wird Kramp zur Führerreserve in Oderberg versetzt. Er kommt zu einem Regiment, das hinter der Front operiert und sich in verschiedenen kleineren polnischen Ortschaften einquartiert. Dass Major Hößlin schon bald nach seiner Versetzung verhaftet und später hingerichtet worden ist, erfährt er durch einen Brief seines Freundes Erwin Krämer, der ebenfalls in die Attentatsabsichten eingeweiht worden war.

Gegen Jahresende befindet sich Kramp innerhalb der von der Front zurückflutenden deutschen Truppen, den heftigen Angriffen der immer weiter vorrückenden russischen Division ausgesetzt. Schließlich gerät er wie viele andere seiner Kameraden in russische Kriegsgefangenschaft. Der lange Marsch der Gefangenen im eiseskalten Winter durch polnisches Gebiet in das Gefangenenlager ist eine Tortur. Viele überleben die Trias von Hunger, Krankheit und Kälte nicht. Fünf lange Jahre währt Kramps Gefangenschaft. Dann wird er endlich in die Bundesrepublik entlassen. Ihm wird die Leitung des Evangelischen Studienwerks in Schwerte/Ruhr („Haus Villigst") übertragen. 1957 zieht er sich von der aktiven Mitarbeit zurück, um fortan als freier Schriftsteller zu leben.

Willy Kramp war ein gläubiger, bescheidener Mensch, der von seiner Person nur wenig Aufhebens machte. Ende 1983, gut zweieinhalb Jahre vor seinem Tod, wurde er zu einem Beitrag in dem von Joel Pottier geplanten Buch *Christen im Widerstand gegen das Dritte Reich* gebeten. Da Kramps Antwortschreiben nicht nur sein eigenes Verhalten im Dritten Reich differenziert zusammenfasst, sondern auch zugleich beeindruckendes Beispiel einer ehrlichen, demütigen, jeder Eitelkeit abholden Selbsterkenntnis und Selbstbewertung darstellt – die eigene „Rolle" eher unter- als übertreibend –, soll es hier in Auszügen zitiert werden:

Schwerte-Villigst, 5. Februar 1984

Sehr geehrter Herr Doktor Pottier,

nach langer und gründlicher Selbstprüfung komme ich zu der Einsicht, dass ich mich nicht zu dem Kreis von Deutschen zählen darf, an den Sie bei dem Thema „Widerstand unter dem Hitlerregime" denken. (...)
In meiner engsten Verwandtschaft und in den Häusern mir nahestehender Freunde wurden während des Krieges flüchtige Juden versteckt; aber ich selbst war an diesen gefährlichen Aktionen allenfalls indirekt beteiligt (etwa durch Beschaffung zusätzli-

cher Lebensmittel). Kurz vor Kriegsausbruch habe ich einen Roman veröffentlicht („Die Fischer von Lissau"), der mir zwar heftige Schelte seitens der braunen Kulturbonzen einbrachte, aber weitere Folgen für mich ergaben sich nicht. (...) Ich habe beim Schreiben dieses Buches nur Freude und Befriedigung empfunden.
Als Ordonnanzoffizier bei dem (später hingerichteten) Major von Hößlin war ich zwar Mitwisser der Konspiration vom 20. Juli 44; aber da ich auf keiner der „Listen" der Gestapo stand, wurde ich nicht behelligt, zumal ich inzwischen an die Front abkommandiert war. Dass ich als Mitglied der Bekennenden Kirche nicht Mitglied der NSDAP oder einer ähnlichen Formation gewesen bin, war damals fast eine Selbstverständlichkeit. Soll ich mich dessen rühmen?
In meinen Büchern „Brüder und Knechte" und „Der letzte Feind" habe ich von meinen Ängsten und Kalamitäten während der Nazizeit berichtet. Aber dies alles reicht bei weitem nicht aus, um mich ernsthaft für einen Mann des Widerstands zu halten. Ich war (...) immer eher Zuschauer als ein Akteur. Natürlich habe ich unter den damaligen Zuständen gelitten wie unendlich viele im deutschen Volk, und ich habe mit der Gemeinde Christi um Befreiung von diesem Übel gebetet; aber ebendies gilt ja für viele meiner Generation, die sich heute vorwerfen, nicht genug Widerstand geleistet zu haben.
Bitte haben Sie Verständnis für diese meine Entscheidung; auch dafür, dass ich mich kurzfassen musste: Aber ich bin ein alter und sehr kranker Mann.

Willy Kramp starb am 19. August 1986 nach einer mehrjährigen Krebserkrankung.

Literatur- und Quellennachweis

Hinz, Alfred: Erinnerung an Willy Kramp. „Er liebte die Erde und den Himmel" (anlässlich des 20. Todestages von Willy Kramp am 19.8.2006 verfasster Artikel für die WR), www.schwerte.de

Kramp, Willy: Ein Brief an Joel Pottier. In: Joel Pottier (Hrsg.): Christen im Widerstand gegen das Dritte Reich, Stuttgart/Bonn 1995 (2., überarb. Aufl.), S. 321f. Der Brief ist auch bei Willy Kramp: Wider die Krebsangst. Chronik eines Kampfes, Stuttgart 1986, S. 246-248, zitiert.

Kramp, Willy: Die Fischer von Lissau, Freiburg 1979, S. 283ff (Nachwort)

Kramp, Willy: Im wechselnden Licht. Erinnerungen aus der Kindheit. In: *Zeitwende*, Mai 1968, S. 329

Kramp, Willy: Der letzte Feind. Aufzeichnung, Freiburg/Heidelberg 1980 (Neuausgabe)
Kramp, Willy: Protest der Schlange. Signale zum Umdenken, Stuttgart 1981
Kramp, Willy: Wintermai und Sommerschnee. Augenblicke meines Lebens, Freiburg u. Heidelberg 1981
Kramp, Willy: Wir hätten es besser wissen müssen. In: Als Hitler kam ... – 50 Jahre nach dem 30. Januar 1933. Erinnerungen prominenter Augenzeugen, Freiburg 1982, S. 84ff
Willy Kramp zur Vollendung des 70. Lebensjahres am 18. Juni 1979, hrsg. von Bertram Halle, Münster 1979
Wilkes, Josef (Hrsg.): Kein Garten Eden. Gedenkbuch für Willy Kramp, Schwerte 1987

Francois Mauriac:
Der Mensch, ein Sünder und der Gnade Gottes bedürftig

„Vielleicht bin ich nur geschaffen und auf diesen kleinen Fleck der Welt gesetzt worden (und dies in einer Zeit, da die ‚Revolte' das Thema ist, an dem sich die Geister mit Vorliebe üben), um Zeugnis zu geben von der Schuldhaftigkeit des Menschen vor der grenzenlosen Reinheit Gottes", meinte einmal Francois Mauriac. Er zählte im letzten Jahrhundert zu den ganz Großen der Weltliteratur und erhielt 1952 den Literaturnobelpreis – „für den durchdringenden Blick und die künstlerische Intensität, mit der er das Drama des menschlichen Lebens in der Form des Romans interpretierte". Zu diesem Zeitpunkt gehörte Mauriac bereits seit nahezu zwanzig Jahren dem höchst exklusiven Kreis der Académie Française an, dessen goldbestickten Frack er bei den Sitzungen tragen durfte. Eine Steigerung an weltlichen Ehren ist für einen Schriftsteller wohl nicht möglich.

Diese Auszeichnungen wurden einem Mann zuteil, der bekennender, streitbarer Katholik war und als überzeugter Christ versuchte, das Rätsel der menschlichen Beschaffenheit – der *Conditio humana* – nicht nur mit psychologischem Gespür und Scharfsinn zu beleuchten, sondern auch vom metaphysischen Hintergrund und dem christlichen Menschenbild her zu deuten. Doch Mauriac hat sich nicht nur als Dichter einen Namen gemacht, sondern galt auch als engagierter, meinungsbildender Journalist. Auf die facettenreiche Persönlichkeit Mauriacs spielte auch Friedrich Sieburg an, als er diese unter anderem so beschrieb: „Er war ein Mann der ‚Résistance', aber er rückte von den Ausschreitungen ihrer Rache ab, (...) er ist fanatischer Provinzler und zugleich ein überlegener hauptstädtischer Journalist, er lässt den Besitz gelten, aber er verwirft seinen Missbrauch, er ist ein frommer Einsiedler, den man indessen häufig in den Pariser Salons sieht."

Francois Mauriac wird am 11. Oktober 1885 in Bordeaux geboren. Der Junge ist noch nicht einmal zwei Jahre alt, da stirbt sein Vater an einem Gehirnabszess. Die Mutter zieht mit ihm und seinen beiden älteren Brüdern und Schwestern zu seiner Großmutter, die ebenfalls in Bordeaux wohnt. Die Mauriacs sind wohlhabend. Sie besitzen Ländereien, Weingüter und Kiefernwälder in der Umgebung von Bordeaux und in dem an der Südwestküste Frankreichs gelegenen Grenzgebiet zwischen der üppigen Garonne und dem trockenen, sandigen Gebiet „Les Landes", wo die Kinder die Ferien verbringen.

Und auch später wird es den erwachsenen und inzwischen berühmten Mauriac immer wieder aufs Land ziehen. Er besaß zwar eine Wohnung im Pariser Nobelviertel Auteuil, doch sein eigentlicher Zufluchtsort war ein altes Gebäude im Weingut von Malagar, auf den Höhen von Saint-Maixant, unweit von Bordeaux. Ein Familienanwesen, das er 1927 geerbt hatte, und das einen Panoramablick zuließ auf das Garonnetal, auf die Weinberge der südlichen Gironne und auf die Waldungen des Landes.

Mauriac, auf den die Natur und der Verlauf der Jahreszeiten eine starke emotionale Wirkung ausübten, fühlte sich sein Leben lang nicht nur eng verbunden mit seiner geographischen Herkunft, sondern er „pflegte" auch seine Kindheitserinnerungen.[1] Diese beiden Faktoren waren – neben seinem katholischen Glauben und der Prägung durch bestimmte Dichter, wie etwa Racine und Pascal – die „verborgenen Quellen"[2], aus denen er lebte.

Doch wenngleich seine Kindheit mit vielen positiven Eindrücken besetzt war, so wusste er doch auch um die Ambivalenz dieser Gefühle – gerade hinsichtlich seiner Mutter. Zwar verehrte und liebte er diese Frau von ganzem Herzen, dennoch hatte die ausgeprägte Mutter-Kind-Beziehung auch etwas Problematisches an sich.

Denn seine Mutter, die im Gegensatz zu ihrem agnostischen Ehemann tief verwurzelt im angestammten katholischen Glauben war, trieb ihre Frömmigkeit bis zur Skrupelhaftigkeit, wobei sie nicht frei war von einer gewissen Bigotterie. Kein Wunder, dass auch der kleine, sensible und dem Religiösen von Anfang an aufgeschlossene Francois schon früh von unverhältnismäßig starken Gewissensnöten befallen war. Dennoch blieb Mauriac sein Leben lang dankbar für die Glaubensgrundlagen, die das Vorbild der Mutter in ihm gelegt hatte. Zumal er sich als Kind durch seine Mutter nicht nur „behütet", sondern auch aufrichtig geliebt wusste.

Der kleine, schmächtige Francois, dessen eines Augenlid leicht herunterhing, hatte in seinen ersten Schuljahren durch grausame Lehrer und Mitschüler sehr leiden müssen. Und er bekennt: „In Wirklichkeit ließ damals nur meine Mutter es in meinem Leben Tag oder Nacht werden: die Morgen, die mich von ihr losrissen und den Schrecken der Schulstunden und den Brutalitäten der Pause auslieferten, waren entsetzlich, die Abende aber gesegnet, die mich zurückführten zu der chinesischen Lampe, die ich noch vor mir sehe, zum Vorlesen aus dem *Saint-Nicolas* ganz nahe am Feuer, zum gemeinsamen Gebet. (...) Das Feuer, die Lektüre, die Stille, der Friede, das alles gehörte zu einem bestimmten Zimmer, ‚dem Zimmer von Mama'. (...) Sein Zauber lag an einer greifbaren Gegenwart: im Schatten meiner Mutter war jede Gefahr beschworen."

Die „Verzauberung" seiner Kindheit lag für Mauriac „in einem Zustand der Gnade, der der Kindheit eigen ist und der mich in einer Welt atmen und umhergehen ließ, die in einer Weise verwandelt war, (...) Der Gang im dritten Stock meiner Großmutter in Bordeaux, wo Mama in der Abenddämmerung auf und ab ging und ihren Rosenkranz betete, das gemeinsame Abendgebet im Halbdunkel ihres Zimmers und alles übrige – kein einziger Augenblick meiner Tage und meiner Nächte, der nicht zu dieser Symphonie gehört hätte, einer Pastorale im großen Ganzen." Und auch die Art jener Kirchenlieder, die er damals sang (und „die man heute abscheulich fände"), sie vermittelten ihm „sehr früh schon die Erkenntnis vom ‚Gott des Friedens und der Liebe'".

Mauriac hat in seinem Leben nicht wenige Menschen kennengelernt, die, ohne eine christliche Sozialisierung durchlaufen zu haben, später Christen geworden sind. Doch für sich persönlich bekennt er freimütig, dass sein eigener Glaube „ein selbstverständlich und ohne den Gedanken an eine Ablehnung übernommenes Erbe" ist – „Teil eines Schatzes, oder besser gesagt, er ist das, was davon übrigblieb, während alles andere zerstreut wurde und zugleich mit meiner Mutter verging, meiner Mutter, die auf den Knien lag und seufzte, das Gesicht tief in beiden Händen verborgen".

Schon als Kind war Francois Mauriac ein scharfer, unbestechlicher Beobachter – auch wenn er manches mehr intuitiv als bewusst wahrnahm. So bemerkt er etwa: „Der Gott (...), den meine Großmutter anbetete, war in allem, was das Fleisch betraf, ein unerbittlicher Gott. Die frommen Frauen der Familie beriefen sich auf Rechentabellen, die ein für alle Mal festgelegt waren. In diesen Dingen gab es keine lässlichen Sünden. Doch konnte man sich von allem loskaufen. (...) Ihr Glaube bekundete sich weniger in Worten als in einer Haltung, in Urteilen, die ohne Zögern (...), gestützt auf die Rechentabellen, abgegeben wurden: Todsünden und lässliche Sünden, genau nach Gattung und Art definiert."

Und auch das fiel Francois Mauriac – zumindest im Nachhinein – auf: „Ich kann versichern, dass in ihrem Urteil sich nie auch nur der leiseste Schatten einer Unruhe bemerkbar machte, was den Gebrauch des Reichtums betraf. Alles, was darüber geschrieben steht, samt den Erfahrungen, den diese Bürgerfrauen mit den verborgenen Geld-Tragödien in jeder Familie gemacht hatten, brach und verlief sich an einem Damm, der allem standhielt. Er war mit der unausgesprochenen Zustimmung der damaligen Geistlichkeit errichtet worden: das Erbe war heilig. Die bürgerliche Pflicht, der alle Moralbegriffe und sogar das Wort Gottes untergeordnet waren, bestand daran, es den Kindern unberührt und wenn möglich vermehrt weiterzugeben. Eine gewisse Form von Habsucht verwandelte sich unter dem Namen der Sparsamkeit in eine Tugend."

Und was den lesehungrigen Mauriac schon als Heranwachsenden aufbrachte, das war nicht zuletzt der Umstand, dass man auch das mit Verboten belegte, was für ihn das Wichtigste war: das Lesen von „moderner" Literatur, die für seine misstrauischen, eher ungebildeten erwachsenen Bezugspersonen quasi unter Generalverdacht stand. Verwundert fragt er sich später in seinen Memoiren: „Wie war es möglich, dass ich, so begabt zum Spotten wie ich war (...), trotz allem, was ich sah und hörte, den Glauben bewahrte?" Zumal doch auch in ihm die „vor jeder Erziehung vorhandenen" negativen Anteile bzw. „dunklen Wasser" seiner Wesensessenz sich zeitweilig anschickten, durch alle Schutzdämme zu sickern. Nachdenklich merkt er dann auch an: „In Wirklichkeit war gerade der Damm, den meine fromme Mutter errichtete, keineswegs geeignet, dieser Flut Herr zu werden, er brachte eher ihren Spiegel zum Steigen, bis Gefahr bestand, dass sie meinen ganzen Glauben und meine ganze Liebe überflutete, (...) zerstörte... Ja, je mehr ich daran denke, desto mehr glaube ich, dass die Treue zu der Religion, die ich auf den Knien meiner Mutter erlernte, keine Selbstverständlichkeit war, umso weniger, als sich durch meine Lektüre sehr bald bei mir der kritische Sinn und die Spottlust entwickelten. Der alte Polemiker (...) existierte keimhaft schon im Kind und vor allem im Jüngling." Oftmals warf seine erschrockene Mutter ihm vor, dass er „alle und jeden dumm fand". Dabei war es vor allem das ihn umgebende „erstickende klerikale Milieu", das er verachtete. Doch er brach nicht wirklich aus: „Ich mochte noch so sehr spotten und so tun, als zerrisse ich die Bande (...), ich ging nicht fort."

Dieses „Fortgehen" war für Mauriac eigentlich nie eine Option gewesen. Zwar gesteht er ein, dass „die Erziehung, die er von Anfang an erhielt", seinem „religiösen Leben einen bestimmten Klang, einen besonderen Akzent" verliehen habe, doch war er sich auch sicher, dass „eine geheime Kraft in mir den Sieg über den Widerwillen davon(trug), den mir zwar nicht die Religion einflößte, die ich trotz allem liebte, wohl aber die so pharisäisch gesinnten Christen rings um mich, die aller Bildung feindlich gegenüberstanden und die moderne Welt ablehnten."

Die vielen Romane, die Mauriac später verfasste, sie spielen alle in dem kleinbürgerlichen Milieu seiner Kindheit und sind auch geografisch in und um Bordeaux und den „Landes" verortet. Schonungslos reißt der Autor seinen Protagonisten die Masken ihrer vermeintlichen bürgerlichen Wohlanständigkeit herunter, entlarvt und demaskiert ihre hintergründigen Motive, ihre sich auf mancherlei Weise manifestierenden Sünden. Dabei handelt es sich beileibe nicht nur um sexuelles Fehlverhalten und Laster, sondern auch um Haltungen und Handlungen, die mit der Gier nach Geld, Besitz und Einfluss zu tun haben oder die sich als hartherziges und selbstgerechtes Pharisäertum, als Heuchelei, Stolz und Dünkel entpuppen und mit übler Nachrede einhergehen. Es sind allesamt destruktive, zerstörerische Einstellungen und Verhaltensweisen, die nicht nur zur Selbstentfremdung des Menschen führen, sondern auch zur Entfremdung von seinen Mitmenschen – und zur Entfremdung von Gott.

Das zeigt sich etwa auch in dem 1941 erschienenen Roman *Die Pharisäerin*. Seine Hauptperson ist die hyperfromme Brigitte Pian, die bemüht ist, durch Tugendhaftigkeit zu glänzen und gleichzeitig den tatsächlichen oder auch nur vermeintlichen Sünden ihrer Mitmenschen unnachsichtig nachzuspüren. Sie steht an der Spitze von Wohltätigkeitsorganisationen und versucht andere Menschen in ihren „geistlichen" Herrschaftsbereich zu ziehen und ihnen ihre eigene Vorstellung von Sitte und Moral aufzuzwingen. Dabei scheut sie sich in ihrer Selbstgerechtigkeit nicht, sich als gnadenlose Richterin anderer aufzuwerfen. Nolens volens zerstört sie dabei Existenzen, wie die des Lehrers Puybaraud und dessen Frau Oktavie oder des selbstlosen, integeren Ortspfarrers Calou, den sie bei der bischöflichen Behörde denunziert und so für dessen Absetzung sorgt. Als ihr endlich die unheilvollen Folgen ihres Tuns bewusst werden, kommt es bei ihr zu Selbsterkenntnis, Schuldeinsicht und Läuterung ihres Wesens. Sie beginnt, sich von ihren eigenen Fehlern zu lösen und alles der „großen Barmherzigkeit" zu überlassen. Und so schließt dann auch der Roman mit der Feststellung: „Am Abend ihres Lebens hatte Brigitte Pian endlich entdeckt, dass man nicht einem hochmütigen Diener gleichen dürfe, der nur darauf bedacht ist, seinen Herrn zu blenden, indem er ihm sozusagen seine Schuld bis auf den letzten Obolus zurückzahlt, und dass *unser Vater* von uns nicht erwartet, dass wir kleinliche Buchhalter unserer eigenen Verdienste sind. Sie wusste nun, dass es nicht um Verdienste geht, sondern allein um die Liebe."

In Mauriacs berühmtem Roman *Natterngezücht* zieht der fast siebzigjährige, schwerkranke Rechtsanwalt Louis in Tagebuchaufzeichnungen seine ernüchternde Lebensbilanz. Obwohl sehr wohlhabend und in seinem Beruf erfolgreich, so ist doch sein Leben ohne wahre (Sinn-)Erfüllung verlaufen. Er ist mit einer Frau verheiratet, die ihn – wie er später nach der Heirat erkennen muss – nicht aus Liebe, sondern aus Berechnung und Vernunftgründen geheiratet hat. Er wiederum hat versucht, sich durch verschiedene Affären von der Tristesse eines freudlosen und liebeleeren Ehealltags zu befreien. Doch nicht nur die Beziehung zu seiner Frau ist zerstört, zerstört und hasserfüllt ist auch das Verhältnis zu den eigenen Kindern. Diese warten nur darauf, dass ihr reicher, aber notorisch geiziger Vater das Zeitliche segnet und sie dann sein Vermögen erben können. Sogar seine Entmündigung schließen sie nicht aus. Doch der misstrauische Louis, der weiß, dass sein Tod unmittelbar bevorsteht, sinnt unermüdlich nach Wegen, wie er seine Familie um ihr ersehntes Erbe bringen könnte.

Erst als sein raffinierter Plan, für den er sich am Ende entschieden hat, überraschend scheitert, öffnet er sich für eine ungeschminkte, schonungslose Analyse seines eigenen Lebens, vor dessen Trümmern er steht. Er löst sich aus seiner Ichbezogenheit. Er beginnt, seine Familienangehörigen mit Gefühlen der Liebe und Empathie wahrzunehmen. Und obwohl er sein Leben lang Atheist gewesen war und für den nur äußerlich und formal praktizierten Glauben seiner Frau und seiner Kinder nur Verachtung übrighatte, öffnet er sich nun auch für die Dimension des Glaubens und des Göttlichen. In den letzten Zeilen seines Tagesbuches vermerkt er: „Was ich mein ganzes Leben lang so sehr verabscheute, war gerade das – nichts anderes –, dieses große Zerrbild des christlichen Lebens, dieses mittelmäßige Pflichtchristentum! Ich habe so getan, als habe ich darin die wesensechte Ausdrucksform des Christentums erblickt, um so das Recht zu haben, es voll Hass und Verachtung abzulehnen." Dabei hatte es Erlebnisse und Eindrücke in seinem Leben gegeben, die ihm schon früher die Augen hätten öffnen können für das „göttliche Geheimnis des Lebens und Sterbens". Doch unermüdlich hatte er sich angestrengt, „den Schlüssel zu diesem Geheimnis zu verlieren". Nun aber kann er am Ende seines Lebens (und nach seiner Beichte bei dem Pfarrer) bekennen – und es ist die letzte Eintragung in seinem Tagebuch, bevor ihm der plötzliche Tod die Feder aus der Hand reißt –: „Was mir heute Abend, während ich diese Zeilen schreibe, den Atem raubt ... was meinem kranken Herzen so zusetzt, als müsse es brechen, ist jene Liebe, deren anbetungswürdigen Namen ich endlich kennengel ..."

Doch solche offensichtlichen Bekehrungen wie die im Falle des Advokaten Louis sind eher die Ausnahme in Mauriacs Romanen. Selbst die Wandlung jener „Pharisäerin" Brigitte Pian ging – wie der Folgeroman *Das Lamm* zeigt – nicht wirklich in die Tiefe. Und bei der Giftmischerin Thèrése Desqueyroux (*Die Tat der Thèrése Desqueyroux*) ist in dem später nachgeschobenen zweiten Band (*Das Ende der Nacht*) der Läuterungsprozess der Protagonistin eher unglaubwürdig dargestellt, da der Handlungsverlauf doch gar zu konstruiert anmutet.

Es stimmt schon, was man Mauriac immer wieder vorgeworfen hat: In seinem Romanwerk dominiere eindeutig die Beschreibung der menschlichen Sünden und Schuldverstrickungen, des Dunklen und Bösen. Es ist für ihn als Autor dann auch bezeichnend, dass es am Ende seines Romans *Die Sünde* heißt: „Welcher Künstler würde es wagen, sich die Wege und Umwege der Gnade auszumalen, der geheimnisvollen Hauptperson? Es ist uns auferlegt in unserer Erbärmlichkeit, dass wir nur die Leidenschaften ohne Lüge schildern können." Und an anderer Stelle meinte Mauriac einmal: „Meine Farbe ist schwarz, und man beurteilt mich nach der Schwärze und nicht nach dem Licht, das hindurchbricht und gedämpft weiterbrennt ... Man scheint anzunehmen, dass ich eine Art von Gräuelkammer unterhalte, dass ich meine Spezialität aus menschlichen Ungeheuern mache. Und doch unterscheiden sich meine Personen in einem wesentlichen Punkte von fast allen Gestalten, die die Romane unserer Zeit bevölkern: Sie haben eine Ahnung davon, dass sie eine Seele besitzen ... Sie wissen, was das Böse ist. Sie haben alle das unbestimmte Bewusstsein, dass sie sich durch ihre Taten binden, und dass diese auf das Lebensgeschick einwirken."[3]

An einem Werk von völlig anderer Art versuchte sich Mauriac 1936 mit der Schilderung des *Leben Jesu* (so der Titel) unter Berücksichtigung der Evangelienberichte, aber mit einer gewissen eigenen persönlichen Wahrnehmung und Interpretation. Obwohl Mauriac dabei an keiner Stelle die Doppelnatur der Person Jesu: „wahrer Mensch und wahrer Gott" in Frage stellt, so betrachtet er in seinem Buch in fast schon meditativer Weise Jesus vor allem von seiner menschlichen Seite her. Auch dieses Werk sollte eine weite Verbreitung erfahren.

Beachtenswert sind auch Mauriacs Ausführungen in seinem Vorwort zur zweiten Auflage des Buches, in dem er meint: „Es obliegt mir noch, die Exegeten, die ich gereizt oder verletzt habe, um Verzeihung zu bitten; aber es lag mir fern, Textkritik zu treiben. Das Neue Testament ist so, wie es sich uns heute darbietet, die Geschichte eines Mannes mit ganz bestimmten Zügen, (...) Ich habe zeigen wollen, dass ‚diese Quelle Leben atmet', um mit Claudel zu sprechen, und dass wir in keiner anderen Geschichte den lebendigen Odem eines Menschen so spüren wie in dieser Geschichte." Freimütig gesteht Mauriac, dass er als junger Mann von der historisch-kritischen Bibelexegese und den liberalen Anschauungen des französischen Theologen Alfred Loisy stark beeindruckt und zugleich tief verstört war. Doch er stellt auch fest: „Nach und nach gewöhnte ich mich daran, gewisse Einwände nüchterner zu untersuchen. Es sprang in die Augen, dass Loisy und seine Schüler von einem Apriori ausgingen, das ebenso anspruchslos war, wie es mein Glaube an Christus sein durfte: von der Unmöglichkeit nämlich, auf der Ebene der Geschichte etwas anzuerkennen, das die Existenz des Übernatürlichen einschließen könnte. Diese Negation hat nicht aufgehört, die willkürlichsten Hypothesen, die gewagtesten Mutmaßungen hervorzurufen. (...) Wunderbar hat Paul Claudel geschrieben: ‚Wie sehr strengen sie sich an, die Gottheit Christi ins Dunkel zu rücken, dieses Antlitz zu verschleiern, das sie nicht ertragen, christliche Wirklichkeit zu verdünnen, seine Umrisse auszulöschen unter dem kreuzweise verschlungenen Ineinander von Gelehrsamkeit und Zweifel. Das in kleine Stücke zerlegte Evangelium wurde schließlich zu einer Sammlung unzusammenhängender und verdächtiger Materialien, in der jeder Dilettant die Elemente einer ebenso gesuchten wie vorläufigen Konstruktion suchen ging.'"

Gleichzeitig bekennt Mauriac: „Wenn ich nicht Christus gekannt hätte, wäre ‚Gott' für mich ein bedeutungsloses Wort gewesen. Ohne eine ganz besondere Gnade wäre das unendliche Wesen mir unvorstellbar, undenkbar gewesen. Der Gott der Philosophen und der Gelehrten hätte in meinem moralischen Leben keinen Platz gehabt. Gott hat sich in den Abgrund der Menschheit stürzen müssen, und in einem genau bestimmten Augenblick der Geschichte, an einem bestimmten Ort des Erdballs hat ein menschliches Wesen aus Fleisch und Blut gewisse Worte gesprochen, gewisse Taten vollbracht haben müssen, damit ich mich auf die Knie werfe. (...) Wäre Jesus nicht Christus, würde ich in den Kathedralen nur eine ungeheure Leere empfinden. (...) Die einen und die anderen, die Heiligen und die Sünder, haben in ihren Zeiten des Zweifels und der Angst aufgeschrien: ‚Herr, zu wem sollen wir gehen? Du hast Worte des ewigen Lebens.' (...) Aber das Wort ist Fleisch geworden. Das Kreuz ist nur deshalb anbetungswürdig, weil Er daran genagelt worden ist. Das Kreuz ohne das Wort wäre nichts weiter als ein Galgen. Und das ist der Grund, weshalb ein Gläubiger, so schwach und so hilflos er sich fühlen mag, die Pflicht hat, zu antworten auf die ewige Frage: ‚Und ihr, was sagt ihr von diesem Menschen?' Dieses seines Gegenstandes so unwürdige Buch ist nur eine Antwort unter tausend anderen, das Zeugnis eines Christen, der weiß, dass wahr ist, was er glaubt."

Doch der Glaube an Jesus Christus, an dem Mauriac sein Leben lang festhielt, kannte auch Krisen. Die erste trat wohl schon in Mauriacs letzten Schuljahren ein und dauerte auch noch während seines Studiums an der philosophischen Fakultät der Universität in Bordeaux und den ersten Jahren seines anschließenden Aufenthalts in Paris an, wo er zunächst für einige Zeit an der École Nationale des Chartes studierte, dann jedoch sein Studium aufgab, um als Schriftsteller zu leben.

In der französischen Metropole – fernab von der mütterlichen Kontrolle – setzte sich bei dem jungen Mann aber auch der Abnabelungs- und Emanzipationsprozess von seiner Mutter weiter fort.[4] Sein 1909 veröffentlichter Gedichtband *Les mains jointes* (*Die gefalteten Hände*), über das sich der bekannte Dichter Maurice Barrès in einem Artikel lobend äußert, wird sein erster literarischer Erfolg. In einer Literaturzeitschrift werden ihm die Lyrikbesprechungen überlassen. Später folgen erste Romane. Der Jungautor genießt es, dass er als ein verheißungsvolles dichterisches Talent gilt. Er verkehrt in verschiedenen Salons der Großstadt. Nach einer unglücklichen Liebesgeschichte freundet er sich 1912 mit Jeanne Alleman an, die er dann ein Jahr später heiraten wird. Seinen eigentlichen literarischen Durchbruch erlebte Mauriac mit seinem 1922 erschienenen Roman *Der Aussätzige und die Heilige*, der sich hervorragend verkauft. Und dann geht es Schlag auf Schlag: Ein Erfolgsroman folgt in kurzen Abständen dem anderen. Stetig nimmt der Ruhm Francois Mauriacs zu, begleitet von Auszeichnungen und Ehrungen.

1932 erkrankte Mauriac an Kehlkopfkrebs: eine traumatische Erfahrung. („Wenn es nach der Natur gegangen wäre, hätte ich im Jahr 1932 sterben müssen.") Doch er konnte geheilt werden. Eine schwache, heisere Stimme blieb aber seitdem sein besonderes persönliches Merkmal.

Francois Mauriac genoss nicht nur ein hohes Ansehen durch sein Romanwerk, er war auch ein kritischer, renommierter Journalist und galt als politisch wacher, engagierter Zeitgenosse. Während des Spanischen Bürgerkriegs (1936-1939) ergreift er offen Partei gegen Franco. Als Frankreich im Zweiten Weltkrieg zeitweise von den Deutschen besetzt ist, „kämpft er zwar nicht mit dem Gewehr in der Hand (...), aber auch sein Schreiben hat in jener Zeit schon Handeln bedeutet, und mit der Wirkungskraft seines geschriebenen Wortes stand er inmitten der Résistance" (Ulrich Seelmann-Eggebert). Was ihn aber nicht hindert, sich nach der Befreiung gegen die pauschalen Aburteilungen der französischen Kollaborateure zu wenden. Stattdessen plädiert er für Barmherzigkeit und Begnadigung. Die Folge ist, dass er von der kommunistischen Mehrheit des „Nationalen Schriftstellerkomitees", das er einst mitbegründet hatte, ausgeschlossen wird.

Ab 1950 verfasst Mauriac im „Figaro" regelmäßig viel beachtete Kommentare zu aktuellen politischen und kulturellen Fragen der Gegenwart. Später wechselt er zum „Express". Er spricht sich für Staats- und Wirtschaftsreformen aus und positioniert sich gegen die Kolonialpolitik seines Landes, indem er unter anderem für die Unabhängigkeit Algeriens plädiert. Als „L'Express" jedoch Staatspräsident de Gaulle bekämpft, für den Mauriac große Sympathien hegt, scheidet er aus der Redaktion des Blattes aus und schreibt fortan seine Beiträge im „Figaro Littéraire".

Es wurde schon oben erwähnt, dass Mauriac den Erhalt und die Bewahrung seines christlichen Glaubens während seines langen Lebens – und damit auch durch Krisen- und Anfechtungszeiten hindurch – nicht als etwas Selbstverständliches empfand. Aber letztendlich „hielt" und bewährte sich sein Glaube. Mag sein, dass ihm dabei auch die Theologie Pascals eine Stütze war. Wie liebte er doch die Gedanken dieses großen christlichen Denkers!

In seinen Memoiren bekennt Mauriac: „O Kindheit, voll von Gott! Alles andere musste zurückgelassen werden, nicht aber jene Gegenwart, die mit deinem ureigensten Wesen so unauflöslich vereint war. (...) Du vermagst kaum zu glauben, dass Derjenige, den du in Ewigkeit anschauen wirst, dem Freund auf Erden gleichen könnte: deine Augen sahen Ihn nicht, deine Hände berührten Ihn nicht, und doch ging er im trübseligen Morgenlicht auf dem nassen Bürgersteig der Rue du Mirail, wo deine Schule war, an deiner Seite und ist heute noch da und gleicht immer noch Seine Schritte den deinen an."

Francois Mauriac starb am 1. September im Alter von 85 Jahren in Paris.

Anmerkungen

[1] In seinem halbbiografischen Roman *Das Geheimnis von Frontenac* hat Mauriac der Welt und den Personen seiner Kindheit ein liebevoll gezeichnetes Denkmal gesetzt. Aber auch an vielen anderen Stellen gedenkt er – nicht frei von Wehmut und einer gewissen Sentimentalität – oftmals seiner Kindheitszeit.

[2] So der deutsche Titel seines 1965 erschienenen zweiten Memoirenbandes *Nouveaux Memoires Interieurs*.

[3] Die Krise des modernen Romans war für Mauriac, wie er einmal in einem Interview feststellte, von „metaphysischer Natur". Glaubte man bislang noch „an das Gute und an das Böse", wobei „das Gute nicht das Böse und das Böse nicht das Gute war", so sei „der Zusammenbruch der Romanwelt auf die Zerstörung dieses wichtigen Fundaments zurückzuführen: der Kenntnis von Gut und Böse. Die Sprache selbst wird entwertet und gleichsam sinnentleert durch diesen Anschlag auf das Gewissen. (...) Für einen Romancier, der christlich geblieben ist, so wie ich es bin, ist ein Mensch immer jemand, der im Werden oder im Vergehen begriffen, und nicht ein bewegungsloses Wesen, fixiert, erstarrt in seinem ein für alle Mal vorgezeichneten Charakter. (...) Der Mensch, wie ich ihn in meinen Romanen verstehe, ist ein in das Heilsgeschehen verwickeltes Wesen, selbst wenn er es nicht weiß. Das Leben, das ganze Leben hat eine Richtung, ein Ziel, von dem es sich unendlich weit entfernen kann."

[4] Seine Emanzipation von der Mutter schildert Mauriac in seinem Alterswerk *Der Jüngling Alain*, das viele autobiografische Anspielungen enthält.

Literatur- und Quellennachweis

Billy, André: Leben und Werk von Francois Mauriac. In: Nobelpreis für Literatur 1952. *Mauriac, Francois*: Die Einöde der Liebe. Zürich o.J., S. 27-44

Chapsal, Madeleine: Französische Schriftsteller intim. München 1989 (Über Mauriac und das Interview mit ihm: S. 7-27)

Der Spiegel 36/1958: „De Gaulle, der Gottgesandte". Ein SPIEGEL-Gespräch mit dem franz. Nobelpreisträger Fancois Mauriac (S. 34-41)

Der Spiegel 26/1970: Schriftsteller/Mauriac: Art Raserei (S. 129f)

Der Spiegel 37/1970: Francois Mauriac: gestorben (S. 199)

Grenzmann, Wilhelm: Weltdichtung der Gegenwart. Probleme und Gestalten. Bonn 1955, S. 142-174

Harenberg Lexikon der Nobelpreisträger. Dortmund 1998, S. 267f
Hermes Handlexikon: Die Klassiker der französischen Literatur. Düsselsorf 1986, S. 142-145
Kranz, Gisbert: Lexikon der christlichen Weltliteratur. Freiburg 1978, S. 714-720
Lexikon der Weltliteratur im 20. Jahrhundert. Freiburg 1960, S. 400-408
Mauriac, Francois: Bild meines Ichs. Memoires interieurs. Wien/München/Basel 1960
Mauriac, Francois: Die verborgenen Quellen. Nouveaux Memoires interieurs. München 1967
Mauriac, Francois: Das Geheimnis Frontenac.. Wien/München/Basel 1961
Mauriac, Francois: Der Jüngling Alain. Frankfurt/M. 1971
Mauriac, Francois: Leben Jesu. Freiburg 1963
Mauriac, Francois: Natterngezücht. Berlin und Weimar 1972
Mauriac, Francois: Die Pharisäerin. Freiburg 1968
Mauriac, Francois: Die Sünde. Hamburg 1958 (3. Aufl.)
Österling, Anders: Verleihungsrede anlässlich der Überreichung des Nobelpreises für Literatur an Fancois Mauriac am 10. Dezember 1952. In: Nobelpreis für Literatur 1952. Francois Mauriac: Die Einöde der Liebe. Zürich o.J., S. 19-26
Seelmann-Eggebert, Ulrich: Francois Mauriac. In: Otto Mann (Hrsg.): Christliche Dichter im 20. Jahrhundert. Beiträge zur europäischen Literatur. Bern 1968 (2., veränd. u. erw. Ausgabe), S. 129-143
Spreng, Eberhard: „Ich liebe Deutschland!“ – Vor 125 Jahren wurde der Schriftsteller und Publizist Francois Mauriac geboren. Deutschlandfunk; „Kalenderblatt“ v. 11.10.2010 (https://www.deutschlandfunkde/ich-liebe-deutschland)
Strömberg, Kjell: Kleine Geschichte der Zuerkennung des Nobelpreises an Francois Mauriac. In: Nobelpreis für Literatur 1952. Francois Mauriac: Die Einöde der Liebe. Zürich o.J., S. 7-17

Karl May:
„Ich bin dem Heilande nachgegangen“

Der Winnetou- und Old Shatterhand-Schöpfer Karl May (1842-1912) zog mit seinen Abenteuergeschichten Generationen von jungen und jung gebliebenen Menschen in seinen Bann. Sein eigener Lebenslauf und seine Persönlichkeit sind so schillernd wie faszinierend: Er stieg auf von einem kläglichen Verbrecher zu einem bewunderten Erfolgsschriftsteller, um dann am Ende wieder jäh abzustürzen. Er war notorischer Hochstapler – und doch als überzeugter Christ gleichzeitig von einem starken missionarischen Drang erfüllt.

„Geboren wurde ich am 25. Februar 1842 in dem damals sehr ärmlichen und kleinen erzgebirgischen Weberstädtchen Ernsttal, welches jetzt mit dem etwas größeren Hohenstein verbunden ist.“ So heißt es in Karl Mays Autobiografie „Mein Leben und Streben“. Not und Elend, Kummer und Sorgen kennzeichneten den (Über-)Lebenskampf der Eltern und den Alltag ihrer Kinder. Der Vater, Heinrich August May, war ein einfacher Weber, der bemüht war, sich und seine Familie mit mühseliger und schlecht bezahlter Heimarbeit am Webstuhl durchzubringen.

Die vorrangige Bezugsperson war dem kleinen Karl seine weise, fromme Großmutter väterlicherseits. Unermüdlich und höchst anschaulich erzählte sie dem staunenden Enkel phantastische Märchen und biblische Geschichten. Der Eindruck, den diese Großmutter auf das Gemüt und Denken ihres Enkels hinterließ, war tief und nachhaltig. Das lag auch an der besonderen Erzählkunst der Alten: „Großmutter erzählte eigentlich nicht, sondern (...) sie malte; sie formte. (...) Mochte sie aus der Bibel oder aus ihrer reichen Märchenwelt berichten, stets ergab sich am Schluss der innige Zusammenhang zwischen Himmel und Erde, der Sieg des Guten über das Böse und die Mahnung, dass alles auf Erden nur ein Gleichnis sei, weil der Ursprung aller Wahrheit nicht im niedrigen, sondern nur im höheren Leben liege.“

Die Volksschule schließt Karl 1856 mit guten Noten ab. Allzu gerne würde er jetzt auf das Gymnasium gehen und danach studieren! Doch das dafür notwendige Geld können die Eltern nicht aufbringen. So soll der Sohn wenigstens Volksschullehrer werden. Der Ortspfarrer kann beim Landesfürsten ein kleines Stipendium für den noch nicht einmal 15-Jährigen erwirken. Das ermöglicht ihm den Besuch eines Lehrerseminars.

Nach bestandener Prüfung nimmt Karl May eine Hilfslehrerstelle an der Armenschule in Glauchau an. Nach bereits 14 Tagen muss er jedoch seinen Dienst quittieren, da sich sein Logisgeber über Annäherungsversuche seines Mieters gegenüber seiner jungen Ehefrau beschwert hat. Daraufhin versucht sich May als Fabrikschullehrer in einem Betrieb in Altchemnitz. Mit dem Buchhalter der Firma muss er sich ein Zimmer teilen. Als er zu Weihnachten nach Hause fährt, hat er diverse kleinere Besitztümer seines Zimmerkollegen bei sich. Umgehend erstattet dieser Anzeige, und bereits am 2. Weihnachtsfeiertag wird der Junglehrer verhaftet und nach Chemnitz in die Untersuchungshaft abgeführt. Sechs Wochen Gefängnishaft werden ihm aufgebrummt.

Die Verhaftung ist für May ein schwerer Schock. Er bricht zusammen und fühlt sich „seelenkrank". Nach seiner Entlassung bedrängen ihn zunehmend versucherische innere Stimmen – so stellt er es zumindest in seiner Autobiographie dar. Er fühlt sich wie gespalten: Die eine Seite drängt ihn zu positiven Taten, die andere zu negativen und destruktiven Verhaltensweisen. Es sind verrückte Sachen, auf die Karl May jetzt kommt. So lässt er sich bei einem Schneider neu einkleiden, ohne allerdings die Rechnung zu bezahlen. Von einem Pelzhändler lässt er sich in einen Gasthof teures Pelzwerk liefern, um sich dann ebenfalls mit der unbezahlten Ware heimlich davonzumachen. Bei diesen und ähnlichen Aktionen tritt er einmal als Augenarzt Dr. Heilig, das andere Mal als Seminarlehrer Lohse oder als Kupferstecher Hermes auf. Schließlich wird der betrügerische Hochstapler von der Polizei festgenommen und von einem Gericht zu vier Jahren und einem Monat Arbeitshaus verurteilt.

Anfang 1868 wird May dann vorzeitig entlassen. Und wiederum kann er es nicht unterlassen, kleinere Gaunereien zu begehen. Erneut wird er verhaftet. Das Gericht brummt ihm vier Jahre Zuchthaus auf.

Von 1870 bis 1874 sitzt May im Zuchthaus Waldheim ein. Der May-Biograph Rainer Buck urteilt wohl zu Recht, dass an diesem Ort „das Fundament für Mays Resozialisierung gelegt" worden ist. Dabei spielte der christliche Glaube eine nicht unerhebliche Rolle. Vielleicht kann man sogar von einer Bekehrung sprechen, die sich bei May in dieser Zeit vollzogen hat. Eine Schlüsselrolle nahm dabei wohl der katholische Anstaltskatechet Johannes Kochta ein. Der lässt nicht nur den musikalisch begabten Häftling, der einst in seiner Kindheit von einem alten Kantor kostenlosen Instrumentalunterricht erhalten hatte, bei den katholischen Gottesdiensten auf der Orgel spielen, sondern baut zu diesem auch ein Vertrauensverhältnis auf. In seiner Autobiografie lobt Karl May diesen Mann in den höchsten Tönen: „(Kochta) war nur Lehrer, ohne akademischen Hintergrund, aber ein Ehrenmann in jeder Beziehung, human wie selten Einer und von einer so reichen erzieherischen, psychologischen Erfahrung, dass das, was er meinte, einen viel größeren Wert für mich besaß als ganze Stöße von gelehrten Büchern. (...) Mir war das schöne Verhältnis heilig, das nach und nach zwischen ihm und mir entstand, (...) Er tat seinen Kirchendienst, ich meinen Orgeldienst, aber im Übrigen blieb die Religion zwischen uns vollständig unberührt und konnte also umso direkter und reiner auf mich wirken. Grad dieses sein Schweigen war so beredt, denn es ließ seine Taten sprechen, (...)"

Und auch über den katholischen Anstaltsgeistlichen hat May eine sehr hohe Meinung: „Wenn er zu mir (in die Zelle) hereintrat, war es stets, als ob bei mir die Sonne zu scheinen begänne." Die vorbildliche Art dieser beiden katholischen Amtsträger, von denen der evangelisch-lutherisch konfirmierte May sich vorurteilsfrei angenommen und wertgeschätzt fühlte, trug sicherlich mit dazu bei, dass ihm dann auch die katholischen Gottesdienste sehr viel bedeuteten. „Jeder vernünftige Mensch", so meinte er, „wird es für ganz naturgemäß und selbstverständlich halten, dass ich nicht vier Jahre lang an dem katholischen Gottesdienst teilnehmen, ja sogar aktiv an ihm beteiligt sein konnte, ohne von ihm beeinflusst zu werden. Wir sind doch keine Steine, von denen alles Weiche abprallt! Und sogar dieser Stein wird warm, wenn der Sonnenstrahl ihn trifft! Und diese Gottesdienste waren ja Sonnenstrahlen! Es liegt noch heut eine unendliche Dankbarkeit für diese Wärme und für diese Güte in mir, die sich meiner annahm und keinen einzigen Vorwurf für mich hatte, als alles andere gegen mich war."

An anderer Stelle hat May einmal geäußert, dass seine Seele „auf demselben Weg zurück(kehrte), auf dem ich sie verloren hatte, auf dem Weg der Religion. (...) Bei den Klängen der Orgel fand ich mich wieder zu mir zurück". Und im dritten Band seiner Winnetou-Trilogie legt er Old Shatterhand – Mays Alter Ego – das Bekenntnis in den Mund: „Der Heiland (...) sagt: ‚Kommt her zu mir alle, die ihr mühselig und beladen seid, ich will euch erquicken!' Ich bin dem Heilande nachgegangen und habe den Frieden des Herzens gefunden."

In den Jahren nach seiner Entlassung gelingt es Karl May, sich als Schriftsteller über Wasser zu halten. Er arbeitet zeitweise als Redakteur und veröffentlicht in verschiedenen Zeitschriften Erzählungen und spannende Fortsetzungsromane. So erscheinen beispielsweise in der Wochenzeitschrift „Deutscher Hausschatz“ Abenteuerromane, die in Nordamerika und im Orient spielen. Dabei tritt Karl May unter den Namen Old Shatterhand bzw. Kara Ben Nemsi als Ich-Erzähler auf. In diesen „Reise-Erinnerungen“ erwecken er und der Verlag den Eindruck, als habe der Autor tatsächlich diese Reisen in eigener Person unternommen und die geschilderten Abenteuer selbst erlebt. Tatsächlich jedoch hat der phantasiebegabte May sein geographisches, volkskundliches und anderes Wissen lediglich aus Atlanten, Nachschlagwerken, Reisebeschreibungen und Ähnlichem gezogen.

Zum Erfolgsschriftsteller avanciert May dann Anfang der Neunzigerjahre, als der Verleger Friedrich Fehsenfeld beginnt, die im „Deutschen Hausschatz“ veröffentlichten Fortsetzungsromane in Buchform als „Gesammelte Reiseromane“ herauszugeben. Innerhalb nur weniger Jahre wird May immer neue Geschichten für die Buchreihe erfinden. Der Name Karl May wird zu einem Markenzeichen. Der Schriftsteller selbst – er nennt sich aufgrund seiner renommiersüchtigen Natur nun Dr. Karl May – kann schon bald mit seiner Frau Emma ein herrschaftliches Haus in Radebeul beziehen, die „Villa Shatterhand“.

Mays „Reiseromane“ sind im Übrigen durchaus moralisch konzipiert. Das liegt nicht zuletzt an dem Helden Old Shatterhand (alias Kara Ben Nemsi), dessen Charakter von edler Natur ist. Obwohl ein überaus treffsicherer Schütze und von außergewöhnlicher Körperkraft, so dass er mit nur einem Fausthieb jeden Gegner außer Gefecht setzen kann, verabscheut er doch Gewalt und die Tötung seiner Feinde. Nur Notwehr kommt für ihn in Betracht. Nie verlässt ihn seine Klugheit, Weisheit und Besonnenheit, wodurch er für jede noch so ausweglose Situation eine Lösung findet. Seine Persönlichkeit kann man nur als durch und durch integer bezeichnen. Sein Denken und Verhalten sind von Fairness und einem starken Gerechtigkeitsempfinden geprägt. Menschen aus Not und Gefahr zu verhelfen, ist ihm eine Selbstverständlichkeit. Und wenn er dabei auch sein eigenes Leben riskiert. Überhaupt ist er bemüht, jedem Menschen – gleich welcher Rasse und Religion – Respekt und Wertschätzung entgegenzubringen. Und was wahre, opferbereite Freundschaft beinhaltet, das kann man nicht zuletzt an seiner Freundschaft mit Winnetou, dem edlen Häuptling der Apatschen, lernen.

Old Shatterhand ist aber auch ein tiefgläubiger Mensch, der weiß, dass sein Leben in Gottes Hand liegt und er mit seinem Verhalten Gott gegenüber verantwortlich ist. Dass auch andere zum Glauben an Gott und seinen Sohn Jesus Christus finden, ist ihm ein echtes Anliegen. Und so gibt es immer wieder Romanszenen – manche sind mehrere Seiten lang –, in denen Old Shatterhand (bzw. Kara Ben Nemsi) mit seinen Mitmenschen Glaubensgespräche führt und ihnen zu einer Bekehrung verhelfen möchte. Dabei geht er behutsam und taktvoll vor, aber auch ohne jede falsche Scham. Beleg dafür mögen die Beispiele im Anhang dieser Kurzbiographie sein.

Mays letzte Lebensjahre entbehren nicht einer gewissen Tragik. Er befand sich 1899 gerade auf einer Orientreise, als ihn verschiedene deutsche Zeitungen erreichten, die ein negatives Bild über den bis dahin so gefeierten Bestsellerautor zeichneten, dessen Werke sogar katholische Bischöfe lobten. So wurde etwa mitgeteilt, dass demnächst verschiedene Kolportageromane (also Schundromane) aus der Anfangszeit Karl Mays als Schriftsteller veröffentlicht werden würden. (Diese frühen Machwerke waren May inzwischen eher peinlich. Er war auch der Meinung, dass er allein über deren Veröffentlichungsrechte verfügen würde.) Und überhaupt stellte man den qualitativen und kulturellen Wert seiner Romane inzwischen in Frage. Es schmerzte und verstörte May, als er erleben musste, dass unverhohlen an seinem Image und Renommee, aber auch an seinem eigenen Selbstverständnis gekratzt wurde. In seinem Reisetagebuch notierte der geschmähte Dichter rückblickend: „Nie werde ich diese Zeitungslesestunde (...) vergessen! Mit ihr begann meine Kreuzigung. Ich hänge noch heut am Marterholz und kein Mensch rührt die Hand, mir mitleidig herabzuhelfen."

Und tatsächlich sollten jene negativen Zeitungsberichte nur den Anfang einer sich in den Folgejahren stetig steigernden Hetzkampagne gegen den Schriftsteller (und Menschen) Karl May darstellen. Seine Gegner zerrten seine ängstlich gehütete Vergangenheit als Hochstapler, Kleinkrimineller und Zuchthäusler ans Licht der Öffentlichkeit und demaskierten genüsslich seine angebliche Old Shatterhand- und Kara Ben Nemsi-Identität. Auch konnte May nicht verhindern, dass seine von ihm ungeliebten Frühwerke gegen seinen Willen neu veröffentlicht wurden, offenbar auch noch mit tendenziösen Einfügungen versehen, die nicht von ihm selbst stammten. Der Radebeuler Schriftsteller kam aus den Medien, kam aber auch aus den ungezählten Prozessen, die er nun führte, nicht mehr heraus.

1903 ließ sich Karl May von seiner Frau Emma scheiden und beendete damit das jahrelange Drama seiner unglücklichen Ehe. Immer deutlicher hatte er feststellen müssen, dass diese allem Anschein nach gefallsüchtige und leicht beeinflussbare Frau, die kein wirkliches Interesse an seinem künstlerischen Schaffen und Bestreben zu haben schien, nicht zu ihm passte. Unmittelbar nach der Scheidung heiratete er Klara Plöhn, die Witwe eines verstorbenen Freundes.

Seit Ende der Neunzigerjahre tritt in Mays Werken („Im Reich des silbernen Löwen", „Ardistan und Dschinnistan" u. a.) ein auffallender Bruch ein. Er schreibt nun „anders". Bevorzugt eine mehr allegorische und symbolhafte, zuweilen fast schon surreale Ausdrucksweise. Dabei geht es ihm teilweise auch um philosophische Fragen. Nicht zuletzt aber fühlt sich der Autor berufen, einen Beitrag zum Frieden und zur Versöhnung zwischen den Menschen und Völkern zu leisten und dem Leser die Sinnhaftigkeit und Notwendigkeit des göttlichen Liebesgebotes zu vermitteln. Mehr noch: Nicht weniger als die Möglichkeit einer Entwicklung und Erhebung des Menschen zum „Edelmenschen" hin will May aufzeigen. Das erinnert an Goethes Humanitätsideal, wonach der Mensch „edel, hilfreich und gut" sei und suggeriert die Möglichkeit menschlicher Höherentwicklung und Erlösungsfähigkeit aus eigener Kraft.

Auch wenn Mays Spätwerk nicht frei ist von „esoterischen, synkretistischen oder pantheistischen Tendenzen" (Ralf Harder) und ein „Zurücktreten der Gestalt Jesu Christi als Erlöser" (Diethard Sawicki) nicht zu übersehen ist, so hat sich May doch bis zuletzt als Christ verstanden und sich zum christlichen Glauben bekannt. Erschöpft und aufgerieben im prozessualen und medialen Abwehrkampf gegen seine unnachgiebigen Widersacher, ist er am 30. März 1912 in seiner „Villa Shatterhand" in Radebeul ganz plötzlich verstorben.

Wenn man Karl Mays Lebenslauf betrachtet, stellt sich schon die Frage nach der „Echtheit" seines eigenen christlichen Glaubens und seines persönlichen Christseins. So ist etwa sein Verhalten in dem Ehe- und Scheidungskrieg mit seiner Frau nicht gerade als vorbildlich zu bezeichnen. Irritierend ist auch Mays Umgang mit der Wahrheit. Man denke nur an seinen Old Schatterhand- und Kara Ben Nemsi-Flunker. Seine Renommiersucht und andere Auffälligkeiten mögen mit seiner problematischen Persönlichkeitsstruktur zu tun gehabt haben. Benötigte er gar zur Hebung des eigenen Selbstwertgefühls und zur Stabilisierung seiner labilen Persönlichkeit die Identifizierung mit seinen beiden Romanhelden? Mit diesen Ideal- und Phantasiegestalten, die all jene Eigenschaften verkörperten, die sein Schöpfer selbst auch gerne besessen hätte? Und hat er bei seiner extremen, überbordenden Phantasie überhaupt genau unterscheiden können zwischen Realität und Fiktion, zwischen Realität und Wunsch- bzw. Traumbild?

Selbst wenn May den christlichen Glauben nicht immer überzeugend zu leben vermochte, so ist es doch gerade dieser Glaube gewesen, der seinem Leben mit all seinen Brüchen und Widersprüchen tatsächlich immer wieder Halt und Sinn, Trost und Hoffnung gegeben und seine Schuld- und Versagensgefühle entlastet hat. Und dass ihm – bei all seinen eigenen Mängeln und Fragwürdigkeiten – die Weitergabe der christlichen Botschaft mit ihrer Friedens- und Liebesethik ein großes und aufrichtiges Bedürfnis war, daran kann nicht gezweifelt werden. („Ich habe das Beste aller derer, für die ich schreibe, gewollt, ihr inneres und äußeres Heil, ihr gegenwärtiges und ihr zukünftiges Glück.“) Überhaupt wird man gut daran tun, das Urteil über Mays Glauben und Christsein Gott selbst zu überlassen.

Bekehrungsgespräche in den „Reiseromanen“ Karl Mays (Auszüge)

In der „Old Surehand“-Trilogie bemüht sich Old Shatterhand, dem 90jährigen Cowboy und „Westmann“ Old Wabble, welcher nur Worte des Spottes und der Lästerung über Gott und Old Shatterhands Glauben übrig hat, zur Sinnesänderung zu verhelfen. Auf einem gemeinsamen Ritt brüstet sich der Alte, noch nie in seinem Leben gebetet zu haben. Und auf die Frage Old Shatterhands, ob es für ihn nicht auch „ethische, religiöse, göttliche Gesetze“ gebe, gibt jener selbstbewusst zur Antwort: *„Für mich nicht. Ich bin geboren; das ist ein Fact. Ich bin geboren, wie ich bin; das ist ein zweites Fact. Ich kann nicht anders sein, als ich bin; das ist ein drittes Fact. Ich trage also nicht die geringste Schuld an dem, was ich bin und was ich tue; das ist das Hauptfact. Alles andere ist Unsinn und Albernheit.“* Und: *„Ich bin in das Leben hereingehinkt, ohne um Erlaubnis gefragt zu werden, und der Teufel soll mich holen, wenn ich nun meinerseits beim Hinaushinken irgendwen um Erlaubnis frage! Ich brauche dazu weder Religion noch Gott!“*

Kein Wunder, dass sich dem guten Old Shatterhand bei diesen Worten jenes „Greis(es), der nicht daran dachte, in welcher Nähe sich das Grab vor ihm befand“, schaudernd „die Haare sträuben wollten“. Und „mit beinahe bebender Stimme“ fragt er den Lästerer: *„So glaubt Ihr nicht an Gott?“* – *„Nein.“* – *„An den Heiland?“* –

„Nein" – „An ein Leben nach dem Tode?" – „Nein." – „An eine Seligkeit, eine Verdammnis, welche ewig währt?" – „Fällt mir nicht ein! Was kann mir so ein Glaube nützen?"

Neben Empörung erfasst Old Shatterhand ein tiefes Mitleid mit dem verstockten Old Wabble. Warnend gibt er ihm zu bedenken: *„(...) ich sehe es kommen, dass der Herrgott Euch einen Fact entgegenschleudern wird, an welchem Ihr zerbrechen müsst wie ein dünnes Kanoe am Felsenrande, wenn Ihr nicht zu der einzigen Rettung greift, die im Gebete liegt. Möge der, an den Ihr niemals glaubtet und zu dem Ihr niemals betetet, Euch dann gnädig und barmherzig sein!"*

Ein weiterer berühmter „Westmann", Old Surehand, hatte Teile des Gesprächs mitbekommen. Da er viel Schweres und Notvolles in seinem Leben durchmachen musste, hat er seinen Glauben an Gott mittlerweile verloren. Vertraulich und fast neidisch mutmaßt er gegenüber Old Shatterhand, dass dessen inneres Leben offensichtlich „stets ruhig und gleichmäßig verlaufen" sei und er noch immer einem „schönen Kinderglauben" anhänge, der „nie angetastet worden" sei. Doch da gibt Old Shatterhand dem anderen zu verstehen: *„Ihr irrt. Es gibt keinen Sieg ohne vorhergehenden Kampf. Mein inneres Leben ist fast nicht weniger ereignisvoll gewesen wie mein äußeres. Der Strom auch des Seelenlebens fließt nicht immer gleichmäßig zwischen seinen Ufern; er hat seine Wellen und Wogen, seine Klippen und Versandungen, (...)" – „Also, Ihr habt auch gekämpft?" – „Oft bis zur Anstrengung der letzten Kraft. Aber es ist mir mit diesem Kampfe stets ein heiliger Ernst gewesen. (...) Ja, ich habe das unendliche Glück gehabt, gläubige Eltern zu besitzen. Ich war der Liebling meiner Großmutter, (...) sie lebte in Gott, leitete mich zu ihm und hielt mich bei ihm fest. Das war ein wunderbarer, seliger Kinderglaube, voll hingebender Liebe und Vertrauen. (...) Später als Schüler begann ich nachzudenken. Ich bekam ungläubige Lehrer, welche ihre Verneinung in einen anziehenden Nimbus zu hüllen wussten. (...) Der Kinderglaube verschwand; (...) der Unglaube wuchs (...) Aber Gott war barmherzig gegen den Toren und führte ihn auch auf dem Wege des Studiums zu der Erkenntnis, dass jener fromme Kinderglaube der allein richtige sei. Meine nachherigen Reisen brachten mich mit den Bekennern aller möglichen Anbetungsformen in Berührung. Ich besaß nicht jenes Christentum, welches sich über allen Andersgläubigen erhaben dünkt, sondern ich prüfte auch hier; ich studierte den Koran, die Veda, Zarathustra und Confucius. Diese Lehren konnten mich nicht ins Wanken bringen wie früher die Werke unserer ‚großen Philosophen', (...) Mein Kinderglaube ist also durch zahlreiche*

Prüfungen gegangen; (...)" – „Glaubt Ihr, ihm auch ferner treu zu bleiben?" – „Bis in den Tod und darüber hinaus!" – Es lag ein tiefer, dringlicher Ernst in der Weise, wie er fragte. (...) Da hielt er mir die Hand herüber und bat: „Gebt mir einmal Eure Hand, Sir, und versprecht mir bei Eurer Seligkeit (...), mir genau nur so zu antworten, wie Ihr wirklich denkt!" – „Hier meine Hand; ich verspreche es. (...)" – „Gibt - - es - - einen - - Gott?" (...) – „Ja", antwortete ich mit derselben Betonung. – „(...) es gibt also ein Leben nach dem Tode?" – „Ja!" – „Beweise!" – „Ich beweise es, indem ich zwei Koryphäen vorführe, deren Kompetenz über allen Zweifel erhaben ist." – „Wer sind diese Personen?" (...) – „Gott selbst und ich." – Er senkte den Kopf und schwieg lange, lange Zeit. – „Beleidigt Euch die Zusammenstellung des allerhöchsten Wesens mit einem Sterblichen, der an Eurer Seite reitet?", fragte ich endlich, (...) – „Nein, denn ich weiß, wie Ihr es meint. Also Gott?" – „Ja. Er spricht in seinen Worten und in seinen Werken. Wer beiden die Ohren und die Augen willig öffnet, der wird und muss zu der Erkenntnis gelangen, die ich jetzt ausgesprochen habe." – „Und Ihr?" – „Es ist die Stimme meines Herzens." – „Ihr sagt das so ruhig und einfach, und doch ist es etwas so Großes um diese Stimme. Wollte doch Gott auch mein Herz reden lassen." – „Bittet Gott darum; er wird sie erklingen lassen!" – „Sie war früher lebendig; dann ist sie gestorben!" (...) – „Ihr waret einst auch gläubig, Mr. Surehand?" – „Ja." – „Und habt den Glauben verloren?" – „Vollständig. Wer gibt ihn mir zurück?" – „Derjenige, welche die Gefühle des Herzens wie Wasserbäche lenkt, und derjenige, welcher sagt: Ich bin der Weg, die Wahrheit und das Leben! (...)" – „Helft mir dazu, Mr. Shatterhand!" – „Ich bin zu schwach dazu; die wahre Hilfe liegt bei Gott. (...) Ihr werdet die Ruhe da finden, wo sie allein zu suchen ist; der Kirchenvater Augustinus von Tagasta mag es Euch zeigen; er sagt: Des Menschen Herz ist ruhelos, bis es ruhet in Gott! Und von dem Weltheilande sagt eines unsrer schönsten Kirchenlieder: ,Wie wohl ist mir, o Freund der Seelen, / Wenn ich in deiner Liebe ruh! / Ich traure nicht; was kann mich quälen? / Mein Licht, mein Trost, mein Heil bist du.' (...)"

Und Old Wabble? Dieser verwegene *king of the cowboys* – dessen bürgerlicher Name Cutter ist – hat sich inzwischen zu Old Shatterhands Todfeind entwickelt und schändlichen Verrat an seinen ehemaligen Freunden geübt und sogar Mordanschläge auf Old Shatterhand unternommen, die zum Glück jedoch scheiterten. Da treffen ihn Old Shatterhand und seine Kameraden eines Tages unter schrecklichen Umständen wieder. Während seine skalpierten schurkischen Gesellen, mit denen er viele Schandtaten begangen hatte, tot auf der Erde liegen, hängt Old Wabbles Leib – horizontal zwischen Himmel und Erde schwebend – entsetzlich eingeklemmt im

Stamm einer Fichte. Feindliche Indianer hatten den Stamm zuvor von oben bis etwa zur Mitte hin gespalten, den Unglücklichen in den Spalt geschoben und ihn dann sich selbst überlassen. Doch noch ist ein Rest von Leben in dem gemarterten Körper. Mit Hilfe von Holzkeilen gelingt es Old Shatterhand und den anderen Männern, ihren Gegner aus seiner misslichen Lage zu befreien. Dann legen sie ihn auf den Boden. Es ist abzusehen, dass Old Wabble, den furchtbare Schmerzen peinigen, nicht mehr lange leben wird. Als er schließlich die Gegenwart Old Shatterhands wahrnimmt, schleudert er ihm mit letzter Kraft die Worte entgegen: „Hund, verfluchter, fort, fort, fort mit dir!"

Und jetzt setzt bei Old Shatterhand ein regelrechtes Ringen um die Seele seines Widersachers ein: *„Mr. Cutter, Ihr steht vor der Ewigkeit!", antwortete ich. „Niemand kann Euch helfen! In kurzer Zeit, vielleicht schon in einer Stunde, gibt es für Euch den letzten Atemzug. Macht Eure Rechnung hier mit Gott; im Jenseits ist's zum Bitten vielleicht nicht mehr Zeit!" – „Schäfchenhirt! Packe dich von hier! Ich will sterben ohne dich und ohne ihn! Geh mir aus den Augen!" (...) Old Wabble (...) war jetzt nicht mehr bei sich. Er fiel in seinen früheren Zustand zurück und wechselte (...) mit Wimmern und tierischem Brüllen ab. Ich entfernte mich. Als er nach einer halben Stunde ruhig geworden war, ging ich wieder hin zu ihm. Er kannte mich und zischte mich an: „Kennst du noch den Fact, und wieder den Fact, und zum drittenmal den Fact, damals im Llano estacado? Bring mir nun von deinem Gotte einen Fact, du Himmelsschaf!" (...) – Ich konnte nichts mehr für diese verlorene Seele tun. Es gab nur eine Macht, die helfen konnte, und das war nicht die meinige.*

Nachdem Old Shatterhand intensiv für den sterbenden Sünder gebetet hat, lässt er ihn ganz bewusst an den Rand der Grube bringen, in der bereits die Leichen von Old Wabbles Gefährten gebettet worden sind und nur noch eine Stelle freigelassen ist für den Leichnam von Old Wabble selbst. Da wird der alte Mann schließlich von einem immer größer werdenden Entsetzen gepackt und all sein Widerstand gegen Gott bricht zusammen. Er fleht Old Shatterhand an, ihm das alte Erweckungslied „Eternity oh thunderword" („O Ewigkeit, du Donnerwort") vorzubeten. Dabei macht besonders die dritte Liedstrophe einen nachhaltigen Eindruck auf Old Wabble: *„Wach auf, o Mensch, vom Sündenschlaf; / Ermuntre dich, verlornes Schaf, / Denn es enteilt dein Leben! / Wach auf, denn es ist hohe Zeit, / Und es naht schon die Ewigkeit, / Dir deinen Lohn zu geben! / Zeig reuig deine Sünden an, / Dass dir die Gnade helfen kann!" (...) Seine Zähne schlugen zusammen. (...) Der Schweiß (...) lag als eine* *zusammenhängende, nasskalte Schicht auf (seiner Stirn). (...) Und plötzlich stieß er laut, schnell und voll unsäglicher Angst hervor: „Wie lange braucht man zur Gnade, wie lange! Sagt es schnell, schnell!" – „Einen Augenblick nur, wenn Ihr's ehrlich meint", antwortete ich. – „Das ist zu wenig, viel zu wenig! ‚Zeig reuig deine Sünden an!' Ich habe mehr Sünden auf meinem Gewissen als Sterne am Himmel stehen. Wie kann ich die in dieser Zeit beichten, wie kann, wie kann ich das!" – „Gott zählt sie nicht einzeln, wenn Ihr sie wirklich bereut!" – „Nein, alle, alle muss ich ihm aufzählen, alle! (...) Der Tod greift mir nach dem Herzen, und die Hölle mit allen ihren Teufeln wühlt mir schon im Leibe. (...) Oh Gott, oh Allerbarmer! Wer wird mir meine vielen, vielen, schweren Sünden vergeben? Könnt Ihr es tun, Mr. Shatterhand (...)?" – „Ich kann es nicht. Bittet Gott darum! Er allein kann es." – „Er hört mich nicht; er mag von mir nichts wissen! Es ist zu spät, zu spät!" – „Für Gottes Liebe und Barmherzigkeit kommt keine Reue zu spät!" – „Hätte ich früher auf Euch gehört, früher! (...) Ihr habt recht gehabt: Das Sterben währt länger, viel, viel länger als das Leben! Fast hundert Jahre habe ich gelebt; nun sind sie hin wie ein Wind; aber diese Stunde, diese Stunde, sie ist länger als mein ganzes Leben; sie ist schon eine Ewigkeit! Ich habe Gott geleugnet und über ihn gelacht; ich habe gesagt, dass ich keinen Gott brauche, (...) Ich Unglücklicher! Ich Wahnsinniger! Es gibt einen Gott; es gibt einen; ich fühle es jetzt! Und der Mensch braucht einen Gott; ja er braucht einen! Wie kann man leben und wie sterben ohne Gott! Wie kalt, wie kalt ist's in mir, huh - - -! Wie finster, wie finster, huuuh - - -! Das ist ein tiefer - - - tiefer - - - bodenloser Abgrund - - Hilfe, Hilfe! Das schlägt über mir zusammen - - über mir - - Hilfe Hilfe! (...) - - - Gnade - - Gnade - - Gna - - -!" Er hatte die Augen geschlossen und die Hilferufe mit erst schriller und dann ersterbender Stimme ausgerufen. Jetzt schloss er den Mund und bewegte kein Glied seines Körpers (...) mehr. (...) Die Hilferufe Old Wabbles hatten die Gefährten alle herbeigerufen; sie standen rund umher. (...) „Die Hüte ab, Mesch'schurs!", bat ich. „Wir stehen vor einem hehren, heiligen Augenblick: Ein verlorener Sohn kehrt jetzt zurück ins Vaterhaus. Betet, betet, betet, dass der Inbegriff aller Liebe sich seiner erbarme, jetzt in dieser schweren, letzten Minute und jenseits in der Ewigkeit!" Sie beteten; selbst die drei Häuptlinge beteten und - - - Old Surehand betete auch! (...) Da schlug Old Wabble die Augen auf und richtete sie auf mich. Sein Blick war klar und mild, und seine Stimme klang zwar leise, doch deutlich, als er sagte: „Ich schlief jetzt einen langen, langen, tiefen Schlaf und sah im Traum mein Vaterhaus und meine Mutter drin, (...) Ich war bös, sehr bös gewesen und hatte sie betrübt, so träumte mir; ich bat sie um Verzeihung. Da zog sie mich an sich und küsste mich. (...) Sie hat mir verziehen, als ich sie darum bat. Kann Gott weniger gnädig sein als sie?" – „Seine Gnade reicht so weit, so weit die Himmel reichen; sie ist ohne Anfang und auch ohne Ende. Bittet ihn, Mr. Cutter, bittet ihn!" Da legte er die unverletzte Hand in diejenige des gebrochenen Armes, faltete beide und sagte: „So will ich denn gern beten, zum ersten und zum letzten Mal in meinem Leben! Herrgott, ich bin der böseste von allen Menschen gewesen, die es gegeben hat. Es gibt keine Zahl für die Menge meiner Sünden, doch ist mir bitter leid um sie, und meine Reue wächst höher auf als diese Berge hier. Sei gnädig und barmherzig mit mir (...) und nimm mich (...) in Deine Arme auf. Amen!" Welch ein Gebet! (...) Dieser Sterbende war ein böser Mensch und zuletzt mein Todfeind gewesen, und doch liefen die Tränen (...) mir über die Wangen herab. (...) Jetzt stand ich so tief berührt vor seiner Leiche, als ob mir ein lieber, lieber Kamerad gestorben sei! Seine Bekehrung hatte alles Vergangene gut gemacht. Und ich war nicht der einzige, dem es so erging."*

Gegenüber seinem „Blutsbruder" Winnetou bezeugt Old Shatterhand nur sehr zurückhaltend seinen Glauben. Damit respektiert er eine frühe Bitte des jungen Apatschenhäuptlings. Old Shatterhand: *„Ich habe sie (die Bitte; M.H.) ihm erfüllt und nie ein Wort über meinen Glauben zu ihm gesagt. Aber muss man denn reden? Ist nicht die Tat eine viel gewaltigere, eine viel überzeugendere Predigt als das Wort? ‚An ihren Früchten sollt ihr sie erkennen', sagt die Heilige Schrift, und nicht in Worten, sondern durch mein Leben, durch mein Tun bin ich der Lehrer Winnetous gewesen, bis er einst, nach Jahren, an einem mir unvergesslichen Abend, mich selbst aufforderte, zu sprechen. Da saßen wir beisammen und in jener weihevollen Stunde ging all der im stillen gesäte Samen auf und brachte herrliche Frucht."*

An jenem Abend war Winnetou von Todesahnungen heimgesucht worden. Als er dann tatsächlich wenig später von einer Kugel tödlich getroffen wird, sind seine letzten Worte, die aus seinem Munde kommen und das Ohr seines weißen Freundes erreichen, in die Form eines Bekenntnisses gekleidet: *„Scharlih, ich glaube an den Heiland. Winnetou ist ein Christ. Leb wohl!"*

Und auch gegenüber seinem muslimischen Freund Hadschi Halef Omar bekennt Kara Ben Nemsi (alias Old Shatterhand) offen, wenn auch unaufdringlich, seinen christlichen Glauben. Dass die beiden in den Glaubensdingen unterschiedlicher Ansicht sind (auch der gute, treue Hadschi will Kara Ben Nemsi bekehren) und darüber in positiver Weise „streiten", das alles tut ihrer Freundschaft aber keinerlei Abbruch! „Man toleriert die andere Glaubensauffassung, auch wenn man sie nicht bejaht" (Michael Kotsch).

Doch Hadschi Halef Omar ist nicht der einzige Moslem, mit dem Kara Ben Nemsi über seinen Glauben und damit auch über Jesus spricht. So führt er etwa in dem Roman „In den Schluchten des Balkan" bei einem nächtlichen Ritt ein Glaubensgespräch mit dem Muslimen Schimin, einem redlichen, einfachen Schmied, der brennend daran interessiert ist, Näheres über das Christentum zu erfahren. Nachdem Old Shatterhand ihm Verschiedenes über die Einzigartigkeit Jesu erzählt und Schimin sich immer aufgeschlossener für die christliche Lehre gezeigt hat, meint er zum Schluss: *„(...) Weil ich dich liebgewonnen habe und dir so viel Dank schuldig bin, will ich dir ein Geschenk zurücklassen, das dich an diese Nacht erinnern soll, so oft du es in die Hand nimmst. (...) Es ist ein Buch. (...) Du sollst erquickendes Wasser fließen hören und davon trinken, wenn du in dem Buch liest! Hier ist es!" Ich öffnete die Satteltasche, nahm das Buch heraus und gab es ihm. „Was steht darin?" fragte er. „Ist es ein Märchenbuch?" – „Nein. Nicht ein Märchen wirst du lesen, sondern die Wahrheit von Ewigkeit zu Ewigkeit. Deine Seele dürstet nach ihr, und du sollst sie haben. Dieses Buch ist das Neue Testament, das alles enthält, was ich dir erzählt habe, und noch mehr. (...) Behalte das Buch in Gottes Namen! Es kostet mich nicht viel, aber es birgt den größten Reichtum, den die Erde bietet, nämlich den Weg zur Seligkeit. Der Apostel sagt, man solle in dieser Schrift suchen und forschen, da sie das ewige Leben enthalte. Mögest du dir dieses Leben daraus erforschen! Das wünsche ich dir von ganzem Herzen!"*

Literatur- und Quellennachweis

Buck, Rainer: Karl May. Der Winnetou-Autor und der christliche Glaube. Moers 2012

Ehrhardt, Heiko/Eißler, Friedmann (Hg.): „Winnetou ist ein Christ". Karl May und die Religion. EWZ-Texte 220, Berlin 2012 (In dem Band sind auch die Aufsätze der zitierten Ralf Harder und Diethard Sawicki enthalten.)

Kotsch, Michael: Karl May. Old Shatterhand, Winnetou und der christliche Glaube. Lage 2013

May, Karl: Mein Leben und Streben. Vorwort, Anmerkungen und Nachwort von Hainer Plaul. Hildesheim 1975

May, Karl: In den Schluchten des Balkan. Bamberg 1949 (1877. Tsd.)
May, Karl: Old Surehand 1. Stuttgart/Gütersloh 1994 (unveränderter Nachdruck der 1901 im Verlag Fehsenfeld erschienenen Ausgabe)
May, Karl: Old Surehand 3. Stuttgart/Gütersloh 1995 (unveränderter Nachdruck der 1902 im Verlag Fehsenfeld erschienenen Ausgabe)
May, Karl: Winnetou I. Bamberg 1951 (3239. Tsd.)
May, Karl: Winnetou II, Bamberg 1951 (3232. Tsd.)
May, Karl: Winnetou III, Bamberg 1951 (2942. Tsd.)
Thiede, Werner: Karl May als Prediger des Evangeliums. In: Confessio Augustana I/2017, S. 101-106
Walther, Klaus: Karl May. München 2002

Blaise Pascal:
Ein Genie begegnet Gott

Der Franzose Blaise Pascal gehört zu den ganz Großen der Geistesgeschichte. Er ist einer der letzten Universalgelehrten. Dabei wurde er nicht einmal 40 Jahre alt. Das Lebenswerk und die bleibende Bedeutung dieses Jahrhundertgenies fasst sein Biograph Jacques Attali folgendermaßen zusammen: „Mit zwölf Jahren entdeckte er eigenständig die euklidische Mathematik neu; mit sechzehn entwickelte er die darstellende Geometrie, die noch heute in der Mechanik und den Ingenieurswissenschaften Anwendung findet; mit neunzehn erfand er die erste Rechenmaschine, von deren Prinzip sich noch immer sämtliche Computer ableiten; mit dreiundzwanzig begründete er die Experimentalphysik, berechnete er das Gewicht der Luft, entwarf er die hydraulische Presse (...) Mit vierundzwanzig erfand er die Wahrscheinlichkeitsrechnung, (...) In der schönsten französischen Prosa (...) verfasste er unsterbliche Passagen über das Dasein des Menschen, über die Beziehungen zwischen Wissenschaft und Glauben (...)“

Der so überaus begabte Blaise Pascal wurde am 19. Juni 1623 in Clermont, der Hauptstadt der Auvergne, geboren. Sein Vater, Étienne Pascal, entstammte einer geadelten Beamtenfamilie und war selbst ein hoher Steuerbeamter. Blaise war erst drei Jahre alt, als seine Mutter starb. Der Witwer lässt sich kurz darauf mit seinem Sohn und den Töchtern Gilberte und Jacqueline in Paris nieder. Hier sucht und findet der vielseitig gebildete und interessierte Mann Kontakt zu gelehrten Zirkeln.

Seine Kinder unterrichtet Étienne Pascal selbst. Dabei liegt ihm die Erziehung und Bildung des aufgeweckten Blaise ganz besonders am Herzen. Unter anderem unterweist er ihn in Latein und Physik, in Geschichte und Erdkunde. Bei all seinen didaktischen Bemühungen ist ihm wichtig, dass der Lernende logisch zu denken und argumentieren versteht. Mit der Vermittlung der mathematischen und geometrischen Kenntnisse hingegen wartet der Vater noch ab, da er die hierfür nötige Abstraktionsfähigkeit erst bei älteren Kindern voraussetzt.

Wie überrascht ist er daher, als er eines Tages von der Sitzung eines wissenschaftlichen Kreises nach Hause kommt und den zwölfjährigen Pascal auf dem Fußboden hockend mit Dreiecken, Winkeln und Parallelen beschäftigt sieht. Zu seiner nicht geringen Verblüffung beweist ihm der Sohn, der sich heimlich mit der Mathematik beschäftigt hat, die Gesetze der euklidischen Geometrie. Étienne Pascal ist tief beeindruckt. Er erwirkt für das „Wunderkind" die Erlaubnis, an den Sitzungen der „Academia Parisiensis" teilzunehmen, wo berühmte Mathematiker ihre gelehrten Dispute führen. Die Mathematik und Physik sind fortan Pascals große Passion. Er forscht, experimentiert und entwickelt ganz neue Lehrsätze. Seine außerordentliche naturwissenschaftliche Begabung wird allgemein anerkannt und bewundert.

Pascals um zwei Jahre jüngere Schwester Jacqueline ist vor allem musisch veranlagt und begeistert schon früh ihre Umwelt mit eigenen Gedichten. Auch schwärmt sie für das Theater. Doch dann wendet sie sich immer stärker dem Glauben zu und äußert den Wunsch, als Nonne in einem Kloster zu leben. Lange Zeit stemmen sich Étienne Pascal und auch Blaise vehement gegen ihr Vorhaben. Erst nach dem Tod des Vaters erfolgt dann Anfang 1652 Jacquelines Eintritt in das bei Paris gelegene Kloster Port Royal.

Port Royal galt als Zentrum des Jansenismus. Der Name leitet sich von dem holländischen Bischof Cornelius Jansenius ab, dessen Programmschrift *Augustinus* vor allem in Frankreich eine innerkirchliche Oppositions- und Erneuerungsbewegung hervorrief. Unter Berufung auf den lateinischen Kirchenvater betonten die Jansenisten das Primat der göttlichen Erwählung und Gnade bei der Errettung eines Menschen. Gleichzeitig sprachen sie sich gegen eine moralisch laxe Glaubens- und Frömmigkeitspraxis aus. Das brachte sie in den Gegensatz zu den Jesuiten, die zu der Zeit einen großen Einfluss innerhalb der katholischen Kirche besaßen und die bevorzugten Beichtväter der Könige, Aristokraten und Reichen waren. Was kein Wunder war, verstanden sie es doch bei ihrem geschmeidigen kasuistischen Umgang mit den menschlichen Verfehlungen, bei Bedarf zu sehr „verständnisvollen" Bewertungen der Sünden ihrer prominenten Beichtkinder zu kommen. Denn das Regelwerk der Kasuistik beinhaltete nicht nur einen gesetzlichen Sünden- und Bußkatalog, sondern konnte auch zu unterschiedlichen Interpretationen hinsichtlich des Schweregrades einer Sünde und ihres möglichen Strafmaßes kommen.

Nach dem Tod seines Vaters und dem Klostereintritt Jacquelines fühlt sich Pascal einsam und verlassen. Nicht zuletzt fehlt ihm der vertrauensvolle Gedankenaustausch, den er mit seiner Lieblingsschwester gepflegt hatte. Um die innere Leere zu überbrücken, stürzt er sich in das gesellschaftliche Leben. Er verkehrt in Salons, in denen über so viele belanglose, modische Dinge unverbindlich geplaudert wird und

„Freigeistige“ die Existenz Gottes in Frage stellen. Es ist Pascals weltliche Phase, über die seine ältere Schwester Gilberte später schreibt: „Das war die am schlechtesten verwandte Zeit seines Lebens, denn obwohl er sich in ihr durch die Barmherzigkeit Gottes von Lastern ferngehalten hat, so war es doch immerhin die Luft der Welt, die von der des Evangeliums sehr verschieden ist. Gott (...) wollte ihn nicht lange darin lassen und bediente sich darum meiner Schwester, um ihn herauszuziehen (...)“

In der Tat hatte Pascal im Verlauf des Jahres 1654 wieder den Kontakt zu Jacqueline aufgenommen und angefangen, sie im Kloster zu besuchen. Ihr kann er sich ja anvertrauen, und sie wiederum ist gerne bereit, ihm – auch in geistlichen Dingen – zu raten. So erfährt sie von seiner „tiefen Weltverachtung“ und seinem „nahezu unerträglichen Ekel vor allen Menschen, die in ihr leben“. Sein eigentliches, verborgenes Verlangen nach einem (sinn)erfüllten Leben kann die „Welt“ ihm jedenfalls nicht stillen – noch vermag sie ihm Antworten geben auf bohrende existenzielle Fragen. Nur ablenken, nur zerstreuen kann die „Welt“. Pater Singlin, der Seelsorger von Port Royal, rät Pascal, sich zurückzuziehen, die Bibel zu lesen, zu beten und zu meditieren, bis er Frieden mit Gott gefunden habe.

Am 23. November 1654 („von ungefähr zehneinhalb Uhr am Abend bis ungefähr eine halbe Stunde nach Mitternacht“) widerfährt dem Suchenden dann ein Erlebnis von einer derart geistlichen Intensität, dass man von einem regelrechten Einbruch des Göttlichen in sein Leben sprechen kann. Pascal ist von der ihm zuteil gewordenen Offenbarung so erschüttert, dass er sofort anfängt, das Erlebte in stammelnden Worten niederzuschreiben. So entsteht ein äußerst prägnanter Text, der Anbetung und Bekenntnis zugleich ist. Dann lässt Pascal das Blatt von einem Diener in das Futter seiner Weste einnähen. In dem „Mémorial“, das man nach Pascals Tod entdeckt hat, heißt es u. a.:

FEUER
‚Gott Abrahams, Gott Isaaks, Gott Jakobs‘,
nicht der Philosophen und Gelehrten.
Gewissheit, Gewissheit, Empfindung, Freude, Friede.
*Gott **Jesu Christi**.*
(...)
Er wird nur auf den Wegen gefunden, die im Evangelium gelehrt sind.
(...)
‚Dies ist das ewige Leben, dass sie Dich erkennen,

den einzig wahren Gott, und den Du gesandt hast.
Jesus Christus.'
Jesus Christus.
Ich habe mich von ihm getrennt, ich bin vor ihm geflohen,
ich habe ihn verleugnet, gekreuzigt.
Möge ich nie von ihm getrennt sein.
(...)
Ewig in der Freude für einen Tag der Plage auf Erden.

In diesem großartigen Zeugnis der Bekehrung Pascals fällt nicht nur der unmittelbare Christusbezug auf, sondern auch die Nähe zur Bibel. Man spürt dem „Mémorial" ab, dass es Ausdruck einer umwälzenden Erfahrung ist – einer Erfahrung, die alles Alte wegspült und den Grund legt für eine ganz neues, vertrauensvolles Verhältnis Gott gegenüber, der im Glauben an seinem Sohn Jesus Christus fassbar und greifbar wird. Ein ihm wohlgefälliges, hingegebenes Leben („in vollkommener, liebevoller Entsagung") zu führen, ist nun Pascals Bestreben. Er gibt den Armen und lebt selbst in strenger Askese. Und er schreibt über das Elend des Menschen ohne Gott – und auf welchem Wege Gott sich finden lässt.

Nur noch acht Jahre Lebenszeit verbleiben Pascal, der eigentlich nie wirklich gesund gewesen und nach eigenem Bekunden seit seinem 18. Lebensjahr keinen Tag ohne Schmerzen war. Immer wieder setzen ihm Schwächeanfälle, Krämpfe und rasende Kopfschmerzen zu. „Ich bitte dich", so sein Gebet an Gott, „weder um Gesundheit noch um Krankheit, weder um Leben noch um Tod, sondern darum, dass du über meine Krankheit, über mein Leben und meinen Tod verfügst – zu deiner Ehre und zu meinem Heil. Du allein weißt, was mir dienlich ist. Du bist der Herr, tue, was du willst! Gib mir, nimm mir! Herr, ich weiß, dass ich nur eines weiß: Es ist mir gut, dir zu folgen. Und es ist mir schädlich, dich zu beleidigen. Ich weiß nicht, was mir nützlicher ist: Gesundheit oder Krankheit, Reichtum oder Armut. Ebenso ist es bei allen Dingen der Welt. Was mir nützlich oder schädlich ist, bleibt mir verborgen: Es ist dein Geheimnis. Ich will es nicht ergründen."

Am 19. August 1662 stirbt Blaise Pascal im Alter von 39 Jahren in Paris.

In seinen letzten Lebensjahren war Pascal bestrebt, eine Apologie des christlichen Glaubens zu verfassen. Jedoch ist er über die Erstellung einer Unmenge von notizartigen Fragmenten nicht hinausgekommen. Diese *Pensées (= „Gedanken")* sind nach seinem Tod veröffentlicht und in viele Sprachen übersetzt worden. Sie gelten als eines der meistgelesenen philosophischen bzw. theologischen Werke und haben bis heute viele Leserinnen und Leser tief beeindruckt.

In seiner beabsichtigten „Apologie“ setzt Pascal bei einer schonungslosen Existenz- und Zustandsanalyse des Menschen an. In ungeschminkter Realistik weist er ihn auf seine nichtige Position hin, die er angesichts der ihn umgebenden unauslotbaren Räume des Alls einnimmt. Dabei drängen sich die Fragen nach der Begründung und Bestimmung der individuellen menschlichen Existenz geradezu auf: „Bedenke ich die kurze Dauer meines Lebens, aufgezehrt von der Ewigkeit vorher und nachher; bedenke ich das bisschen Raum, den ich einnehme (...), verschlungen von der unendlichen Weite der Räume, von denen ich nichts weiß und die von mir nichts wissen, dann erschaudere ich (...); keinen Grund gibt es, weshalb ich grade hier und nicht dort bin, weshalb jetzt und nicht dann. Wer hat mich hier eingesetzt?“ Und: „Ringsum sehe ich nichts als Unendlichkeiten, die mich wie ein Atom, wie einen Schatten umschließen, der nur einen Augenblick dauert (...) Alles, was ich weiß, ist, dass ich bald sterben werde, aber was der Tod selbst ist (...), das weiß ich am wenigsten.“ So auf sich geworfen und auf sich allein gestellt, steht der Mensch also vollkommen hilf- und ratlos den existenziellen Woher- und Wohin-Fragen seines Daseins und überhaupt der Frage nach dem Sinn seines Lebens gegenüber. Nur eines weiß er im Grunde ganz gewiss: Dass er einmal wird sterben müssen! Doch auch da geht das Fragen und Nichtwissen weiter: Was erwartet mich nach dem Tod?

Bei der Lösung all dieser Fragen vermag jedenfalls der Verstand dem Menschen nicht weiterzuhelfen. Und obgleich die Menschen unfähig sind, „etwas gewiss zu wissen“, so brennen sie dennoch „vor Gier, einen festen Grund zu finden und eine letzte beständige Basis, um darauf einen Turm zu bauen, der bis in das Unendliche ragt; aber all unsere Fundamente zerbrechen, und die Erde öffnet sich bis zu den Abgründen. (...) Immer täuscht die Vergänglichkeit der Erscheinungen unsere Vernunft, nichts kann das Endliche zwischen den beiden Unendlichen bannen, die es einschließen und es fliehen.“

Die tatsächliche Seinslage des Menschen ist demnach so erschreckend wie frustrierend. Um sich dieser Tatsache nicht zu stellen, greift der Mensch nach einem Trick: Er ist bemüht, seine existenziellen Grundfragen und Probleme zu verdrängen, indem er sich ablenkt und zerstreut. Pascal war sich sicher: „Nichts ist dem Menschen unerträglicher als völlige Untätigkeit, als ohne Leidenschaften, ohne Geschäfte, ohne Zerstreuungen, ohne Aufgabe zu sein. Dann spürt er seine Nichtigkeit, seine Verlassenheit, sein Ungenügen, seine Abhängigkeit, seine Ohnmacht, seine Leere." Doch obwohl der Mensch „offenbar zum Denken geschaffen" ist und es „seine ganze Pflicht (ist), richtig zu denken", so folgt er doch nicht der „Ordnung des Denkens". Diese fordert nämlich, „dass man mit sich selbst beginne, und zwar mit seinem Schöpfer und mit seinem Ende". Stattdessen aber denken die Menschen „an Tanzen, Laute spielen, Singen, Dichten, Ringe stechen usw. und daran, sich zu schlagen (...), ohne nachzudenken, was es ist (...), Mensch zu sein".

Im Grunde ist die Flucht des Menschen in die verschiedenen Arten der Zerstreuungen und Süchte wohl nur Symptom einer nicht gestillten Sehnsucht. Denn der Mensch ist nach Pascals Ansicht dazu bestimmt, nach Wahrheit und Glück zu streben. Diese findet er aber letztendlich nur bei dem Schöpfer aller Dinge, bei Gott. Doch von ihm ist er durch die (Erb-)Sünde getrennt. Daher gilt: „Wir wünschen die Wahrheit, und wir finden in uns nur Ungewissheit. Wir suchen das Glück, und wir finden nur Elend und Tod. Wir sind unfähig, Wahrheit und Glück nicht zu wünschen, (...) Dieser Wunsch blieb uns von dort, von wo wir gefallen sind." Und: „Alle Menschen ohne Ausnahme streben danach, glücklich zu sein, wie verschieden die Wege auch sind, die sie einschlagen; alle haben dieses Ziel. (...) Was schreit aus dieser Gier und dieser Ohnmacht, wenn nicht das, dass ehemals der Mensch wirklich im Glück war, wovon uns nichts blieb als die Narbe und die völlig leere Spur, die der Mensch nutzlos mit allem, was ihn umgibt, zu erfüllen trachtet (...); (was schreit aus dieser Gier und dieser Ohnmacht,) wenn nicht das, dass alles hierzu ungeeignet ist, da diesen unendlichen Abgrund nur ein Unendliches und Unwandelbares zu erfüllen vermag, das heißt nur Gott selbst? Er allein ist des Menschen wahres Gut."

Nun steht aber der Mensch – gleich, ob er gläubig ist oder Atheist – vor einem Dilemma: Er kann weder beweisen, dass Gott ist, noch dass er nicht ist. Das ist die Ausgangsposition, vor der der Mensch in der Gottesfrage steht. Und da er weder die Existenz noch die Nicht-Existenz Gottes *beweisen* kann, so bleibt ihm nichts anderes übrig, als sich zu *entscheiden*, auf welche Seite er sich schlägt. Dabei lädt Pascal den Menschen ein, das Wagnis des Glaubens einzugehen. Wie bei einer Wette soll er auf Gott „setzen": „Wenn es einen Gott gibt, ist er unendlich unbegreifbar; da er weder Teile noch Grenzen hat, besteht zwischen ihm und uns keine Gemeinsamkeit. Also sind wir unfähig zu wissen, was er ist, noch ob er ist. (...) Nehmen wir an: Gott ist oder er ist nicht. Wofür werden wir uns entscheiden? Die Vernunft kann hier nichts bestimmen. (...) Aber man muss auf eines setzen, darin ist man nicht frei. (...) Wägen wir Gewinn und Verlust für den Fall, dass wir auf Kreuz setzen, dass Gott ist. (...) Wenn Sie gewinnen, gewinnen Sie alles, wenn Sie verlieren, verlieren Sie nichts. (...) Es gibt aber eine Ewigkeit an Leben und Glück zu gewinnen. (...) Und so, wenn man notwendig setzen muss, hieße es, auf die Vernunft verzichten, wollte man das Leben lieber bewahren, statt es so dicht vor dem Erfahren des Verlustes, des Nichts, für den unendlichen Gewinn zu wagen. (...) Nun, was könnte Ihnen Schlimmes geschehen, wenn Sie diesen Entschluss fassen? Sie werden treu, rechtschaffen, demütig, dankbar, wohltätig, Freund, aufrichtig, wahrheitsliebend sein. Allerdings die verderblichen Vergnügungen, Ruhm, Genüsse werden Sie nicht haben, aber werden Sie nicht anderes dafür haben?"

Und auch das ist wahr und gilt: Obgleich Gott ein *Deus absconditus* – ein verborgener Gott – ist, so gibt es gleichwohl Zeichen und Hinweise seiner Gegenwart. Und ein Mensch, der ernstlich und aufrichtig Gott sucht, der wird ihn auch finden: „Da er für die, die ihn von ganzem Herzen suchen, unverschleiert erscheinen wollte und verborgen für die, die ihn von ganzem Herzen fliehen, milderte er seine Erkennbarkeit derart, dass er Zeichen seiner selbst gegeben hat, die sichtbar für die sind, die ihn suchen, und es nicht sind für die, die ihn nicht suchen. Für die, die nichts wünschen als zu sehen, ist Licht genug, und Finsternis genug für die, die entgegengesetzt gestimmt sind."

Denn unbezeugt hat sich Gott nicht gelassen. Er hat sich offenbart. „Nur durch Jesus Christus", so Pascals Überzeugung, „kennen wir Gott. Ohne diesen Mittler ist jede Gemeinschaft mit Gott ausgelöscht; (...) Aber um Jesus Christus zu beweisen, haben wir die Prophezeiungen, (...) Da diese Prophezeiungen erfüllt und durch das Eintreffen wirklich bewiesen sind, sind sie Kennzeichen der Gewissheit dieser Wahrheiten und mithin Beweis für die Göttlichkeit Jesu Christi. (...) Aber zugleich kennen wir unser Elend; denn dieser Gott ist nichts weniger als der Erlöser von unserem Elend. Also können wir Gott nur wahrhaft kennen, wenn wir unsere Verderbtheit kennen."

Und so steht Jesus Christus, der Gottessohn, einzigartig über allen Menschen, auch über jeden Religionsstifter: „Jeder Mensch kann tun, was Mohammed getan hat, denn er vollbrachte keine Wunder, und er war nicht geweissagt. Kein Mensch kann tun, was Jesus Christus getan hat." Gleichzeitig gibt es für das Leben und Wirken Jesu glaubwürdige Zeugen: „Entweder waren die Apostel betrogen oder Betrüger. Beides ist schwierig anzunehmen, denn es ist unmöglich, dass man einen Menschen als auferstanden ausgibt. Solange Jesus Christus bei ihnen war, konnte er ihnen Halt sein; danach aber, wer hat sie handeln lassen, wenn er ihnen nicht erschienen ist?"

Und wenn ein Mensch, obwohl er glauben möchte, (noch) nicht glauben kann? Ihnen gibt Pascal folgenden Rat: „Lernen Sie wenigstens (...), dass Ihre Unfähigkeit zu glauben (...) nicht dem Mangel der Beweise, sondern Ihren Leidenschaften (entstammt). (...) Lernen Sie von denen, die in Ihrer Lage waren und die jetzt ihr ganzes Gut eingesetzt haben; das sind Menschen, die diesen Weg kennen, den Sie gehen möchten. Handeln Sie so, wie diese begonnen haben: nämlich alles zu tun, als ob Sie gläubig wären (...)"

Dann aber kann es auch dazu kommen, dass schließlich das „Herz" – erleuchtet durch den Heiligen Geist – Gott erkennt und der Mensch in eine lebendige, von Liebe und Vertrauen getragene Beziehung zu Christus gelangt. Denn „es ist das Herz, das Gott spürt, und nicht die Vernunft". Und so kann Pascal auch sagen: „Verwundert euch nicht, wenn ihr einfache Menschen trefft, die, ohne Überlegungen anzustellen, glauben. Gott gibt ihnen die Liebe zu ihm (...), er beugt ihr Herz dem Glauben."[1]

[1] Das Pascal-Kapitel ist erstmalig in einer zweiteiligen Serie in der Zeitschrift factum 3 + 4/ 2019 erschienen.

Literatur- und Quellennachweis:

Attali, Jacques: Blaise Pascal. Biographie eines Genies. Stuttgart 2006

Béguin, Albert: Pascal. Hamburg 1992 (12. Aufl.)

Giesekus, Hanswalter: Glaubenswagnis. Leben und Erkennen aus der Sicht des Blaise Pascal. Wuppertal 1997

Hauss, Friedrich: Väter der Christenheit. Wuppertal 1976 (5. Aufl.), S. 220-223

Melchers, Achim: Zum Streit mit den Jesuiten fühlte er sich von Gott berufen. Vor 325 Jahren: Pascal stirbt. (WAZ v. 22.8.1987)

Melchers, Achim: Unfall – und ein neues Leben. Vor 370 Jahren: Pascal geboren. (WAZ v. 19.6.1993)

Pascal, Blaise: Gedanken. Eine Auswahl. Übersetzt, eingeleitet und herausgegeben von Ewald Wasmuth. Stuttgart 1979

Wort für heute 1991 (21.11.1991). Kassel

Dorothy L. Sayers:
Krimi-Lady mit theologischem Scharfsinn

Dorothy L. Sayers (1893-1957) war eine englische Krimi-Autorin von Weltruhm und Verfasserin von christlichen Dramen und geistreichen Essays. Mit ihren Dichterkollegen und persönlichen Freunden C. S. Lewis und G. K. Chesterton hat sie nicht nur gemein, dass auch sie über eine gehörige Portion Humor und Scharfsinn verfügte, sondern sich ebenfalls als eine christliche Apologetin ersten Ranges erwies. Sayers ist ein Beispiel dafür, wie man auch ohne ein eigentliches Bekehrungserlebnis bzw. Bekehrungsdatum zu Gott „bekehrt" sein kann.

Als Dorothy Leigh Sayers am 17.12.1957 gestorben war, schrieb C. S. Lewis in seinem Nachruf u. a.: „Für alles, was sie tat und was sie war, für das Vergnügen und die Belehrung, für ihre kämpferische Loyalität als Freundin, für ihren Mut und ihre Ehrlichkeit, für den Reichtum an weiblichen Eigenschaften, die sie durch eine an der Oberfläche männliche und sogar bärbeißige Haltung und Art erkennen ließ – für das alles lassen Sie uns dem Autor danken, der sie erfand." Diese Bemerkungen lassen erahnen, um welch ungewöhnliche Frau es sich bei der Verstorbenen gehandelt hat, die mehr als nur eine populäre Krimi-Lady gewesen ist.

Geboren wurde Dorothy Sayers am 13. Juni 1893 in Oxford. Sie blieb das einzige Kind ihrer Eltern, des anglikanischen Pfarrers Henry Sayers und seiner Frau Helen. Im Alter von 15 Jahren wurde sie auf ein Internat in der südenglischen Stadt Salisbury geschickt. Bis dahin war sie von ihren Eltern und von Hauslehrerinnen unterrichtet worden. 1912 nahm sie dann am Somerville College in Oxford ein Studium in Neueren Sprachen auf, das sie 1915 mit einem glänzend bestandenen Examen abschloss. Ein offizielles Abschlussdokument mit der Verleihung eines akademischen Titels (B.A. und M.A.) konnte sie allerdings erst 1920 in Empfang nehmen, dem Jahr, in dem man an der altehrwürdigen Universität Oxford erstmals auch weiblichen Absolventen eine derartige Urkunde ausstellte.

Nach ihrem Studium war Sayers für kurze Zeit Französischlehrerin an einer High School in Hull. 1917 erhielt sie eine Praktikantenstelle als Lektorin bei einem renommierten Oxforder Verlag. 1919/20 war sie Sekretärin an einer Privatschule in der Normandie. Später arbeitete sie für einige Jahre als Werbetexterin in einer Londoner Firma.

Anfang der Zwanzigerjahre verliebte Dorothy Sayers sich in den Journalisten und Schriftsteller John Cournos. Gerne hätte sie diesen interessanten, attraktiven Mann geheiratet und Kinder mit ihm gehabt. Doch dieser plädierte für eine Liebe ohne Trauschein. Lediglich seine Geliebte sollte Dorothy sein. Doch dazu war die Pfarrerstochter nicht bereit. Es kam zum Bruch.

Da flüchtet sie sich in die Liebe zu einem Mann, der ihr zwar intellektuell unterlegen, dafür aber so herrlich unkompliziert war. Bei dem lebenslustigen Bill White, einem arbeitslosen Automechaniker, der sich über ihrer Wohnung bei einem Freund einquartiert hatte, konnte sie sich völlig ungezwungen geben. Mit ihm konnte sie tanzen und lachen, ins Kino gehen und mit dem Motorrad durch die Gegend brausen. Probleme schien es für ihren Freund nicht zu geben. So lange jedenfalls nicht, bis sie schwanger wurde. Doch da verließ er sie. Möglicherweise erfuhr Dorothy Sayers auch jetzt erst, dass er bereits verheiratet war.

Was für eine „Schande"! Und ausgerechnet Dorothy L. Sayers war das passiert! Dass sie das Kind zur Welt bringen würde, stand für sie außer Frage. Außer Frage stand für sie aber auch, dass ihre alten Eltern nach Möglichkeit von dem Vorfall nichts erfahren sollten. Schon bald nach der Geburt (am 3.1.1924) gab sie ihren unehelichen Sohn John Anthony zu einer Cousine, die ihre Jugendfreundin gewesen war und die jetzt davon lebte, dass sie Kinder zur Pflege aufnahm. Der Junge blieb auch dann bei ihrer Cousine, als seine Mutter am 13.4.1926 den um zwölf Jahre älteren Journalisten und Kriegsveteranen Oswald A. Fleming geheiratet hatte. Aufgrund seiner physischen und psychischen Labilität wäre dieser wohl auch kaum zur Erziehung von John Anthony in der Lage gewesen. Dorothy Sayers, die als Schriftstellerin ihren Mädchennamen beibehielt, stand jedoch in regelmäßigem Kontakt zu ihrem Sohn und sorgte auch sonst für ihn.

Bereits 1916 und 1918 war es ihr gelungen, einen kleinen Gedichtband zu veröffentlichen. Doch ihre eigentliche Karriere als Schriftstellerin begann 1923, als ihr erster Kriminalroman erschien. Weitere sollten bald folgen, und bereits 1929 konnte sie ihre Arbeit in der Werbefirma aufgeben und sich ganz der Schriftstellerei widmen.

Als Dorothy Sayers Gefallen an dem noch jungen Genre der Kriminalliteratur fand, waren vor und neben ihr bereits andere Krimi-Autoren auf diesem literarischen Feld höchst erfolgreich tätig. Etwa Arthur Conan Doyle mit seiner legendären Sherlock

Holmes-Figur. Oder Agatha Christie mit der unvergessenen Hobby-Ermittlerin Miss Marple. Aber auch G. K. Chesterton mit seinem pfiffigen Father Brown ist hier zu nennen. Und auch Sayers' Protagonist ist ein Amateurdetektiv, der es wie seine prominenten Kollegen zu großer Popularität bei den Lesern bringen sollte: der blaublütige Peter Wimsey, exzentrisch wie nonchalant, hochgebildet – und alles andere als ein gläubiger Christ.

Sayers scheint irgendwie prädestiniert gewesen zu sein für diese Form der Literatur. Jedenfalls ließ sie einmal eine Freundin wissen: „Ich war schon als Kind ein äußerst robustes kleines Biest und legte Wert darauf, dass man mir alle blutrünstigen Details vorlas, sehr zum Schrecken meiner Eltern. Wenn sie sich weigerten, so nahm ich heimlich das Buch zur Hand, was gut für meine Lesekünste war, aber schlecht für meine Tugend." Doch „blutrünstig" sind Sayers Kriminalromane nicht gerade zu nennen – zumindest nicht nach heutigen Maßstäben. Sie zeichnen sich aber durch einen raffinierten und spannenden Handlungsverlauf aus und sind reich an witzigen und intelligenten Dialogen. Die Autorin versteht es nicht nur, die Charaktere und Handlungen ihrer Romanfiguren differenziert und psychologisch genau darzustellen, sondern auch das gesellschaftliche Milieu, in dem sie sich bewegen, hervorragend wiederzugeben. Sayers Romane wurden in viele Sprachen übersetzt. Dabei avancierten nicht zuletzt *Der Glocken Schlag*, *Aufruhr in Oxford* und *Hochzeit kommt vor dem Fall* zu Klassikern der Kriminalliteratur.

„Hochzeit kommt vor dem Fall" – erschienen 1937 – sollte der letzte große Kriminalroman von Dorothy Sayers sein. Lord Wimsey hatte der Autorin zu Ruhm und Ansehen und zu finanzieller Unabhängigkeit verholfen. Nun hatte er gewissenmaßen ausgedient. Danach schuf Sayers verschiedene christliche Dramen und nahm überhaupt zunehmend zu christlichen Fragen Stellung. Das alles hatte aber nichts damit zu tun, dass sie – wie mancherorts kolportiert wurde – im Alter „fromm" geworden wäre. Diese Unterstellung ärgerte sie. Denn die Pastorentochter war eigentlich ihr ganzes Leben lang eine überzeugte, gläubige Christin gewesen – auch wenn ihr Weg nicht immer geradlinig verlaufen war. Regelmäßig ging sie zur Beichte und war in ihren letzten Lebensjahren Kirchenvorsteherin der Londoner St. Anne-Gemeinde. In einem Brief aus dem Jahre 1954 gestand sie, dass sie keine förmliche „Bekehrung" erlebt und auch keine „religiösen Gefühle" habe. „Das hat", so meinte sie in dem Zusammenhang, „seine gute wie auch seine schlechte Seite. Ich neige nicht bedenklich dazu, eine ästhetische Freude an Ritualen oder an Architektur mit moralischer Tugend zu verwechseln; oder zu meinen, dass das Vergießen einiger ergriffener Tränen über die Kreuzigung gleichbedeutend mit der Kreuzigung des alten Menschen in mir selbst sei." Auch wenn Sayers das Gefühl und die Erfahrung ihrer eigenen Sündhaftigkeit durchaus kannte, so stellte sie doch fest, dass die ihr gemäße Form einer persönlichen Gottesbeziehung nun einmal weniger über das Gefühl, als über den Intellekt verliefe. Gott in dieser Weise „kennenzulernen, zu lieben und allem anderen vorzuziehen", sei ihr Weg.

1940 wurde Sayers von der BBC gebeten eine Hörspielfolge über das Leben Jesu anzufertigen. Dieses Stück ist dann unter dem Titel *Zum König geboren* zwischen Dezember 1941 und Oktober 1942 in zwölf Folgen im Rundfunk ausgestrahlt worden. Die Autorin war sich darüber im Klaren, dass sie nicht „didaktisch" (also lehrhaft) und auf abstrakte Weise das Hörspiel verfassen dürfe, sondern dass dieses die ganze Realität des von den Evangelisten berichteten Geschehens ungeschminkt wiedergeben müsse. Auch wenn sie sich – bei aller dichterischen Freiheit – an den biblischen Texten orientierte, so brachte sie ihr Stück doch bewusst in eine zeitgemäße, ja „alltägliche" Sprache. Denn ihr ging es darum, dass der Hörer (bzw. Leser) des Stückes „sein eigenes Gesicht" wiedererkenne: „*Wir* spielten die Rollen in jener Tragödie vor neunzehn und einem halben Jahrhundert, und vielleicht spielen wir sie heute, im selben guten Glauben und mit derselben ironischen Unwissenheit. (...) Aber es mag uns helfen zu erkennen, was wir tun, wenn uns das ursprüngliche Drama wieder gezeigt wird, mit uns in den Originalrollen." Die Hörspielfolge *Zum König geboren* war in England eines der großen Hörfunkereignisse während der Zeit des Zweiten Weltkriegs. Bereits die ersten Sendungen wurden von über zwei Millionen Hörern verfolgt. In vielen Briefen berichteten die Menschen über ihre positiven Erfahrungen mit dem Stück.

Dorothy L. Sayers war aber nicht nur eine Krimiautorin und Dramatikerin, sie war auch eine glänzende, scharfsinnige Essayistin, die sich nicht scheute, unangenehme Fragen zu stellen und unpopuläre Meinungen zu vertreten. Dabei stellte sie sich gesellschaftlichen, politischen und kulturellen Themen und Problemen genauso wie wirtschaftlichen und theologischen.

Und wenngleich sie sich für die Emanzipation der Frau aussprach – eine „aggressiv feministische ‚Sicht der Frau'" wollte Sayers nicht vertreten. Dafür analysierte sie nicht nur zu differenziert, sondern dazu dachte sie auch zu praktisch und realitätsbezogen. Wie fern ihr eine ideologisch gefärbte Argumentation lag, machen nicht zuletzt folgende Passagen aus dem Essay „Sind Frauen Menschen?“ deutlich: „Darauf zu bestehen, dass es genauso viele weibliche Musiker und Mathematiker wie männliche gibt, ist dumm. Die Tatsachen sprechen eine andere Sprache, (...) Wir bitten nur darum, dass wir menschliche Individuen sein dürfen – wie seltsam und unerwartet wir auch immer sein mögen. Es ist nutzlos zu sagen: ‚Du bist ein kleines Mädchen, und deshalb solltest du Puppen mögen.‘ Wenn als Antwort kommt: ‚Aber ich mag sie nicht‘, ist die Unterhaltung zu Ende. Zufälligerweise sind wenige Frauen von Natur aus geborene Mechaniker; aber wenn es eine solche Frau gibt, hat es keinen Zweck, dass man versucht, sie zu einem anderen Beruf zu bewegen.“ Auch galt für sie der „sehr gesunde Grundsatz (...), dass eine Arbeit jeweils von demjenigen geleistet werden sollte, der sie am besten tut“.

Einem ungezügelten kapitalistischen Wirtschaftssystem, das „auf Kosten von Verschwendung und Müllhalden gedeiht“, stand Dorothy Sayers kritisch gegenüber. Sie monierte, dass die Werbung bei den Verbrauchern immer neue Bedürfnisse wecke, so dass – im Gegensatz zu früheren Zeiten – Sparsamkeit und Zufriedenheit nicht mehr als Tugenden zählen würden. Sie spricht von einem „wütenden Sperrfeuer der Werbung“, das die Menschen „zu einem gierigen Verlangen nach Gütern bringt, die sie in Wirklichkeit gar nicht brauchen“. Und sie weist darauf hin, „dass jede böse Leidenschaft – Snobismus, Faulheit, Eitelkeit, Lüsternheit, Dummheit, Gier – in den Werbekampagnen ausgenutzt wird“. Dadurch werde der „Todsünde“ der Völlerei Vorschub geleistet und „jeder Sinn für Wertvolles, Einzigartiges und Unersetzliches zerstört“.

Diese Gedanken, die Sayers bereits 1941 in ihrem Vortrag „Die sechs anderen Todsünden“ vortrug, haben wohl bis heute nichts von ihrer Aktualität eingebüßt. Gleiches gilt für ihre kritischen Ausführungen zu einer gewissenlosen und pervertierten Form von „Unternehmergeist“, die sich nicht zuletzt vor dem Hintergrund der jüngsten Finanz- und Bankenkrise fast schon beklemmend gegenwartsnah anhören: „(Die Habsucht) ist zu einer angeberischen, schwadronierenden, piratenhaften Sünde geworden, (...) Ihre Kriegsrufe sind ‚Geschäftseffizienz!‘, ‚Freier Wettbewerb!‘, ‚Jetzt oder nie!‘ und ‚Stillstand ist Rückschritt!‘ Sie (...) spielt und spekuliert; sie denkt in großen Maßstäben, sie geht Risiken ein. (...) Sie hat Aktien auf allen Kontinenten; es ist unmöglich, sie mit einem Ort oder einem bestimmten Unternehmen zu identifizieren. – Sie ist (...) ein wilder Freibeuter. (...) Es ist sehr schwierig, jemanden für die

Taten verantwortlich zu machen, die mit Geld begangen werden." Und wenig später merkt Sayers an: „Es gibt ein Buch mit dem Titel *Wall Street Under Oath* (von Louis Pecora), (...) Es berichtet von der Aufdeckung verschiedener großer Geschäfts- und Bankbetrügereien in den Vereinigten Staaten zur Zeit der Weltwirtschaftskrise. Wenn wir uns genug gewundert haben über die unverfrorene Korruption, die Habgier und die Skrupellosigkeit der Finanzjongleure (...), dann können wir uns nur noch mehr wundern über die unglaubliche Habsucht und die geradezu kriminelle Dummheit ihrer Opfer. Denn kein Aktienhalter hätte seine wertlosen Papiere verkaufen können, wenn er nicht damit gerechnet hätte, in seinem voraussichtlichen Opfer der dümmeren Zwillingsschwester seiner eigenen skrupellosen und niedrigen Habsucht zu begegnen."

Offen und engagiert äußerte sich aber Dorothy Sayers auch zu theologischen Themen. Dass Gott sich nicht zu schade war, durch die Sendung seines Sohnes den Menschen ganz konkret, quasi „leibhaftig" zu begegnen, um so die Voraussetzungen für deren Heil zu schaffen, das war für Sayers alles andere als selbstverständlich. So gibt sie in ihrem Essay „Das größte Drama aller Zeiten" zu bedenken: „Was immer Gott bewogen haben mag, den Menschen zu schaffen, wie er ist – beschränkt und leidend, dem Schmerz und dem Tode unterworfen –, er hatte den Anstand und den Mut, die von ihm verordnete Medizin auch selbst zu schlucken. Welches Spiel er immer spielen mag mit seiner Schöpfung, er hat sich an seine eigenen Regeln gehalten und mitgespielt. Er verlangt nichts vom Menschen, was er nicht zuerst von sich selbst verlangt hat. Er hat alle menschlichen Erfahrungen durchlaufen (...) bis zu dem Furchtbarsten des Schmerzes, der Erniedrigung, der Niederlage, der Verzweiflung und des Todes. (...) Er wurde im Elend geboren, er starb in Schande und hielt es für der Mühe wert, das alles zu erleiden."

Dabei stand für Sayers eindeutig fest, dass die Anerkennung von Jesu Mensch- *und* Gottsein von zentraler Bedeutung für den christlichen Glauben ist. „Wenn Christus nur Mensch war", folgerte sie in einem anderen Essay, „dann ist er völlig irrelevant für jedes Denken über Gott; wenn er nur Gott ist, dann ist er völlig irrelevant für jede Erfahrung menschlichen Lebens. Es ist im strengsten Sinne notwendig für die Erhaltung der Relevanz, dass der Mensch recht an die Inkarnation unseres Herrn Jesus Christus glaubt. Glaubt er nicht recht, so besteht nicht der geringste Grund, weswegen er überhaupt glauben sollte."

Für Sayers war und blieb der Mensch ein der Gnade bedürftiger Sünder, dessen Heil nur von außen, von Gott her kommen kann. Und so warnte sie dann auch vor dem hybriden Wahn, Gott abzusetzen und sich selbst absolut zu setzen. In „Die sechs anderen Todsünden" bezeichnet sie die „Hyperbia" (den Stolz, den Hochmut also) geradezu als die „Hauptsünde und den Ursprung aller anderen". Sie bestehe darin, „dass man versucht, wie Gott zu sein. Es ist die Sünde, die verkündet, dass der Mensch aus eigener Weisheit, aus eigenem Antrieb und aus eigener Vorstellungskraft die Maßstäbe hervorbringen kann, nach denen er lebt: dass der Mensch in der Lage sei, sein eigener Richter zu sein. (...) Der Name, unter dem der Stolz im Augenblick in der Welt auftritt, ist die Vervollkommnungsfähigkeit des Menschen oder die Doktrin vom Fortschritt; und seine Spezialität besteht darin, Entwürfe für Utopia zu machen und das Reich des Menschen auf Erden zu errichten."

In Bezug auf die Kontroverse um die Verfasserschaft des Johannes-Evangeliums und die Authentizität seines Inhalts meinte die Dichterin (und Literaturwissenschaftlerin) in einem ihrer Essays: „Ich habe nicht vor, mich auf die Einzelheiten dieses Disputs einzulassen; ich will nur aufzeigen, dass die Argumente, die dabei herangezogen werden, von einer Art sind, die kein Kritiker auch nur im Traum auf moderne Erinnerungen anwenden würde, die eine wirkliche Person über eine andere geschrieben hat." Als sachgerechten Umgang mit den biblischen Texten weist Sayers auf eine Grundregel hin, die der Archäologe Didron aufgestellt hatte: „Bewahre alles, was du kannst; restauriere selten; konstruiere nie." In der Einführung zu ihrem großen Bibeldrama *Zum König geboren* urteilte sie dann auch: „Alles in allem liest sich das Evangelium des Johannes vom Anfang bis zum Ende wie die Erzählung eines Augenzeugen, der die Lücken in der bereits veröffentlichten Geschichte auffüllt, gelegentlich Fehler berichtigt und Material hinzufügt, an das sich frühere Schreiber entweder nicht erinnerten oder von dem sie nichts wussten. Gewöhnlich geht er auf Ereignisse, die bereits angemessen behandelt worden waren, und auf Geschichten, die jeder auswendig wusste, nur kurz ein; manchmal lässt er sie auch völlig aus. (...) Nichts spricht dafür, dass etwas nicht authentisch ist, weil er es nicht erwähnt oder, auf der anderen Seite, weil keiner sonst es erwähnt. Bei modernen Memoiren, von verschiedenen Personen über einen bestimmten Menschen geschrieben, würden wir genau jene Varianten erwarten, die wir in den Evangelien finden."

In ihren letzten Lebensjahren beschäftigte sich Sayers intensiv mit Dante, dessen „Göttliche Komödie" sie ins Englische übersetzte. Dabei versäumte sie nicht, den

Leser darauf hinzuweisen, dass jeder Mensch für seine Lebensentscheidungen und ihre Folgen die volle Verantwortung trägt. „Wir müssen jeden Gedanken daran aufgeben", so Sayers, „dass wir die Sklaven des Zufalls oder der Umwelt oder unseres Unterbewusstseins sind; jede vage Vorstellung, dass Gut und Böse lediglich relative Begriffe oder dass Verhalten und Meinung eigentlich nicht von Bedeutung seien; jede bequeme Überzeugung, dass (...) zu guter Letzt doch alles gut wird. Wir müssen zu glauben versuchen, dass der Wille des Menschen frei ist, dass er bewusst seine Wahl treffen kann und dass seine Wahl für die ganze Ewigkeit entscheidend sein kann. Denn *Die göttliche Komödie* ist das Drama eben dieser Entscheidung, die die Seele trifft."

Sayers nahm billigend in Kauf, dass sie sich mit ihren nicht immer bequemen Ansichten natürlich auch Kritik einhandelte. Andererseits erwarb sie sich mit ihren engagierten Einwürfen auch Respekt. Der bekannte Theologe Karl Barth attestierte ihr in einem Brief: „Sie sagen uns nicht nur Dinge, die man von Großbritannien her selten zu hören gewohnt ist. Sie sagen sie auch in einer Weise, die geeignet ist, auch bei uns Nachdenken und Aufmerksamkeit zu erregen."

Der damalige Erzbischof von Canterbury bot Sayers sogar den theologischen Ehrendoktor an, den diese jedoch ablehnte. Bezeichnend für die große Wertschätzung, die man ihr von kirchlicher Seite entgegenbrachte, ist auch, dass nach ihrem Tod in dem zu ihren Ehren abgehaltenen Gedenkgottesdienst zahlreiche Bischöfe teilnahmen. Die Trauerfeier hatte am 15. Januar 1958 in der St. Margaret-Kirche in Westminster stattgefunden. Einem Monat zuvor, am 17. Dezember 1957, war die profilierte Schriftstellerin ganz plötzlich an einem Herzschlag verstorben. Als noch junge Studentin hatte sie einmal einen „Hymnus auf einen jähen Tod" verfasst. In ihm drückt sie eine große Dankbarkeit für die von Gott geschenkten großen und kleinen Dinge des Lebens aus, die so leicht übersehen und als etwas Selbstverständliches hingenommen werden. Nachdem sie in dem Gedicht eine Reihe von Wohltaten aufgezählt hat, für die sie Gott Dank schulde, schließt sie den Hymnus mit dem Vers: „Für alles das, Herr, dank ich dir, / der du mich schufst, denn es hat mir / an Freude hier doch nie gefehlt – / führ ich heut Nacht auch von der Welt."

Literatur- und Quellennachweis

Forssman, Ingeborg: „Ich war schon immer ein robustes kleines Biest..." Dorothy L. Sayers – Leben und Werk. Moers 2007

Sayers, Dorothy L.: Das größte Drama aller Zeiten. Zwei Essays. Berlin 1986

Sayers, Dorothy L.: In die Wirklichkeit entlassen. Unpopuläre Ansichten über Glaube, Kunst und Gesellschaft, hrsg. von Manfred Siebald. Moers 1993

Sayers, Dorothy L.: Einführung zu: Zum König geboren. Moers 2007 (2). S. 494-527

Siebald, Manfred: Dorothy L. Sayers. Leben – Werk – Gedanken. Schwarzenfeld 2007

Wölcken, Fritz: Dorothy Sayers. In: Sühnel, Rudolf/Riesner, Dieter (Hrsg.): Englische Dichter der Moderne. Ihr Leben und Werk. Berlin 1971. S. 393-398

Volke, Stephan: „Jeder Lord braucht einen Mord". Zum 50. Todestag der englischen Krimi-Autorin Dorothy L. Sayers. In: Lesen, hören & sehen 6/2007

Reinhold Schneider: Glaubensabkehr nach Glaubensfindung?

Der Dichter und Geschichtsdeuter Reinhold Schneider wurde nicht nur auf Grund seiner historiographischen Romane, sondern gerade auch wegen seiner geistlichen Sonette und theologischen Schriften, durch die er während der Nazizeit so vielen Menschen Trost und Orientierung gegeben hatte, schon zu Lebzeiten zu einer Art Ikone. Schneiders Freund und Dichterkollege Werner Bergengruen erinnerte sich, dass nicht wenige Bewohner Freiburgs während des 2. Weltkriegs der Ansicht waren, ihre Stadt würde nicht durch Bomben zerstört werden, weil Reinhold Schneider unter ihnen lebe. Doch dieser irritierte und verstörte am Ende seines an Schmerzen so reichen Lebens durch seine autobiographischen Bekenntnisse in dem posthum erschienenen Werk *Winter in Wien* nicht wenige seiner Leser und Anhänger. Denn diese Bekenntnisse – fragend, zweifelnd, resignierend vorgebracht – klingen so ganz anders als jene glaubensstarken, die Schneider noch wenige Jahre zuvor während der Hitlerdiktatur vertreten hatte. Und so löste dann auch das Buch schon bald nach dem Tode seines Verfassers eine heftige Kontroverse aus, dessen Kernfrage lautet, ob der katholische Dichter am Ende seinen Glauben „widerrufen“ oder ob sich vielmehr sein Glaube in seinen letzten Lebensjahren geradezu „vollendet" habe.

Reinhold Schneider wurde am 13. Mai 1903 in Baden-Baden geboren. Seine Eltern Wilhelm und Wilhelmine Schneider betrieben in dem Kurort das renommierte „Hotel Messmer“. Ihre Ehe war konfessionsgemischt. Die Kinder wurden entsprechend der Kirchenzugehörigkeit der Mutter katholisch getauft. Das war indes kein Hinderungsgrund, zu Weihnachten stets den Gottesdienst der evangelischen Kirche zu besuchen. Wie überhaupt in religiöser Hinsicht relativ wenig Einfluss auf die Kinder ausgeübt wurde. „Als ich in die Sexta der Oberrealschule kam und der Kaplan uns zur Beichte bestellte“, so Schneider, „war ich in großer Not. Ich wusste nicht, wie ich es machen sollte, (...) Endlich schrieb mir mein Bruder die Gebete und eine Gewissensforschung auf. Mit diesen Zetteln in der Hand kniete ich nun in der Bank gegenüber dem Beichtstuhl, ohne mich herauszutrauen. Endlich kam der Kaplan zu mir herüber: Er nahm sich meiner an und gab mir Unterricht.“

Schon als Kind hatte sich bei Schneider eine Tendenz zum Schwermütigen hin bemerkbar gemacht. Wenn er etwa zwischen all der Herrlichkeit eines Jahrmarkts einen Bettler gewahrte oder das Pferd beobachtete, das ständig im Kreise gehend das

Karussell antrieb, dann überfiel ihn „haltloses Leid". Von einer unerklärbaren Traurigkeit bewegt, weinte der Junge oft abends. Im Verlauf seiner Schulzeit nahm die depressive Grundstimmung seines Charakters eher noch zu. „Ich litt", so bekennt Schneider später, „unsäglich am Dasein, an mir selbst." Eine unerklärliche „Angst vor dem Leben" wird zu seinem Begleiter.

Und so fühlt er sich dann auch nach dem Abitur recht hilflos vor die Frage der Berufswahl gestellt. Schließlich lässt er sich zu einer kaufmännischen Ausbildung bei einer Druckerei in Dresden überreden. Doch die Monotonie des Berufs widerstrebt ihm. Mehr und mehr flüchtet er in die Welt der Dichtung und Philosophie. Von Nietzsche und Kant, von Kierkegaard und von Schopenhauer fühlt er sich besonders angesprochen.

Die erste Zeit in Dresden ist – gerade auch infolge der Inflation – ganz besonders schwer für Schneider. Doch nicht nur materielle und gesundheitliche Nöte machen ihm zu schaffen. Auch die schwermütigen Stimmungen wollen nicht weichen. Immer heftiger bedrängen ihn Selbstmordgedanken. („Die Versuchung ohnegleichen war nicht das Leben, sondern der Tod. (...) Nacht für Nacht auf dem Heimweg ging die unheimliche Verheißung mit: Dies ist das letzte Mal, dass du große Last trägst.") Nach dem frühen Tod seines Vaters – er war, des Daseins müde, im April 1922 aus dem Leben geschieden – schneidet Reinhold Schneider sich die Pulsadern auf. Doch der Suizidversuch misslingt.

Dass er die depressive Veranlagung von seinem Vater, an dem er sehr hing, vererbt bekommen hatte, war Reinhold Schneider bewusst. Schon früh hatte der Sohn an seinem Vater wahrgenommen, dass „um ihn eine merkwürdige Art von Alleinsein war, die eigentlich nicht zu seinem offenen, arglosen Wesen passte, eine Art Schatten". In dem Sonett „An meinen Vater" (1926) bekennt Schneider:

Mir war der Schwermut Erbe übermacht,
Es ist mein Untergang und ist mein Lohn,
Es lebt in mir seit frühen Tagen schon
Und kommt aus frühern, aus des Anfangs Nacht.

Du hast es mir als letzter überbracht
Im langen Zug vom Vater auf den Sohn; –

Ich nehm' es an und weig're mich der Fron:
Es sei in mir das Ende seiner Macht.

In demselben Jahr, in dem Schneider jene melancholischen Verse verfasst hat, beschäftigt er sich intensiv mit dem spanischen Dichter Unamuno. Dadurch kommt es in seinem Leben zu einem gewissen Wendepunkt. In seinem autobiografischen Buch *Der verhüllte Tag* lässt er den Leser wissen: „Es war nicht die Philosophie, die mich überzeugte. (...) Was mich aufwühlte, tröstete, bestätigte, gerade in meinem innersten Schmerz, war die Existenz als Todeskampf und der leidenschaftliche Streit mit der Zeit, die unentwegte Herausforderung. Das ewige Leben, das Unamuno meinte, war das Unmögliche, das Tragische selbst: es war der Hunger nach Unsterblichkeit, der nicht gesättigt werden konnte. Und dieser war der Lebensgehalt der Menschen und Völker, der Geschichte. (...) Ich fand hier den Mut zum unversöhnlichen Konflikt, zur Tragödie, aber umschlossen von einer mystischen Sphäre."

Bei seinem Studium der Werke Unamunos wurde Schneider auf „das portugiesische Problem" aufmerksam. Der tragische Hintergrund der portugiesischen Geschichte und das ebenso tragische Geschick des mit dieser Geschichte untrennbar verbundenen Lebens des portugiesischen Dichters Camoes treten ihm mehr und mehr vor die Seele, ergreifen und faszinieren ihn ungemein. In Schneider entsteht der Plan, von dem Lebensschicksal und dem dichterischen Werk Camoes´ zu schreiben. Ende Juni 1928 gibt er seine kaufmännische Stellung und seine Wohnung in Dresden auf und tritt im August die Schiffsreise nach Portugal an. Er lässt die portugiesische Landschaft und die Mentalität seiner Bewohner ganz bewusst auf sich einwirken. Betreibt Studien. Aus all dem entsteht schon bald neben einem Reisetagebuch sein Buch über den großen Dichter Portugals: *Das Leiden des Camoes oder Untergang und Vollendung der portugiesischen Macht*.

Während seines Aufenthalts in Portugal reist Schneider zwischenzeitlich nach Spanien, besucht den Escorial und Avila. Und wieder wird ihm ein Schlüsselerlebnis zuteil, das er später in einem Buch über Philipp den Zweiten verarbeiten und umsetzen wird. „Ich fühlte mich", schreibt er rückblickend, „auf eigenstem Boden, in ganz anderem Sinne als in Portugal: dort das tragische Idyll, hier die Tragödie selbst. (...) Das Arbeitszimmer Philipps, die Sterbekammer am Altare überwältigten mich, langsam, unwiderstehlich; es wurde ein Gewicht in mein Leben geworfen, das durch viele Jahre sank und sank. (...) Und der Escorial war auch die Herausforderung an die Zeit, mit der ich im Streite lag; ich glaubte nicht, was Philipp glaubte, aber ich bejahte diese Herausforderung: Königtum und Tragik, das Leiden des wahrhaftig Mächtigen, Protest gegen den Aufruhr, rücksichtsloses Opfer, Adel. Katholisches Erbe als Gehalt und Form hatte in mir den Glauben überlebt."

Reinhold Schneider hat seinen Platz im Leben, hat seine Berufung gefunden. Er wird zum Schriftsteller, der dem verborgenen metaphysischen Sinn in der Geschichte nachspürt, der über das Entstehen und das Untergehen bedeutender Mächte nachsinnt. Und der sich empathisch in ihre berufenen Repräsentanten einfühlt, ihre Stellung und ihren besonderen Auftrag im geschichtlichen Kontext, ihre Motive und Bestrebungen, aber auch ihr Versagen und Unvermögen zu verstehen und zu beschreiben versucht. Es sind die Antinomien, es ist das „Tragische" in der Geschichte wie auch im Menschen selbst, auf das Schneider immer wieder stößt. Das Tragische, das in der Diskrepanz begründet liegt zwischen dem, was ein Mensch und seine Nation idealerweise und im Hinblick auf einen im Transzendenten liegenden Anspruch darstellen sollen, und dem Scheitern und Versäumen, dem Unvollkommenen und Vergeblichen, das allem Menschlichen, allem Irdischen nur zu oft anhaftet.

Eher zufällig kommt Reinhold Schneider, der Zeit seines Lebens von einer ihn stimulierenden rastlosen Reiseaktivität erfüllt war, im September 1934 nach London. Und auch diese Reise sollte sich – sogar mehr noch als die vorhergehenden nach Spanien und Portugal – als äußerst schicksalhaft für sein weiteres Leben erweisen. Neben die Vision eines neuen historiografischen Werkes über die Geschichte der britischen Macht tritt die Realität des Gekreuzigten in sein Leben. Damit stellt sich für Reinhold Schneider nicht nur konkret die Glaubensfrage, sondern seine „Geschichtshermeneutik" wird um eine zusätzliche Komponente erweitert und vertieft. Gemeint ist der Einbezug der christozentrisch gesehenen Heilsgeschichte in den Geschichtsablauf, der nunmehr für Schneider auf ein Telos, auf ein von Gott gesetztes Endziel hinausläuft. „In der Geschichte leben", heißt für Schneider fortan, „dass wir die Zeichen der Zeit (Matthäus 16,4) erkennen, uns an ihren Forderungen bewähren und uns richten sollen im Wissen von Jesus Christus und seiner Gegenwart – auf dass wir nicht von ihm gerichtet werden am Ende."

Über sein besonderes inneres Erlebnis während seines Englandaufenthalts schreibt Schneider: „Ich betrat St Paul's, skeptisch, ohne etwas zu erwarten. Es war nachmittäglicher Gottesdienst in fast leerem Raum. Aber dieser Raum (...) war erfüllt von einem bedeutenden religiösen Gehalt. Er erschütterte mich. Als ich die Stufen hinabging, hatte ich den Plan zu einem Buche, das ‚Die Entscheidung Heinrichs VIII.' (späterer Titel: *Das Inselreich*; M.H.) heißen sollte: Es sollte die Frage stellen nach der von Heinrich gebildeten, erzwungenen religiösen Form in ihrem Verhältnis zur englischen Macht, zum Empire. (...) Aber hinter der englischen Macht erschien eine andere in unabweisbarer Präsenz: das Rom der Cäsaren. (...) Ich sah plötzlich das Ringen um den Glauben und seine Daseinsform auf dem Scheitelpunkt der Geschicke. Anderthalb Jahre zuvor schlug der Inselverlag als Titel eines kleinen Buches über deutsche Städte ‚Kreuzwege deutscher Geschichte' vor. Ich widersprach entschieden. Es widerstrebte mir durchaus, die deutsche Geschichte unter das Kreuz zu stellen. Auch ich wollte mich nicht darunter stellen, ich wollte nicht Christ sein. Ich musste es werden. Denn ich war es von Anfang an. (...) Die sakramentale Prägung, die ich unwissentlich getragen hatte, setzte sich durch. Christus hat das Leiden vergöttlicht. Er hat die Wundmale des Hasses und der Schande als Siegeszeichen der Liebe emporgetragen in das Geheimnis der Gottheit. Sein Kreuz ist aufbehalten in den Himmeln. Es wird ihm voranleuchten, wenn er wiederkommt. Und mit den Wundmalen wird er vor uns, vor den Spielern des ausgespielten Weltdramas, erscheinen. Dieser Anblick wird uns vernichten. Dieser Anblick wird uns retten."

Eine weitere Erfahrung ruft Schneider in die seine ganze Existenz ergreifende Nachfolge Christi. Auch darüber berichtet er in *Verhüllter Tag*: „Ich schlug an einem Weihnachtsabend in Potsdam die Heilige Schrift auf (...) und floh nach wenigen Kapiteln auf die kalte dunkle Straße. Denn es war ja klar: unter diesem Anspruch der Wahrheit kehrt sich das Leben um. Dieses Buch kann man nicht lesen, (...) Man kann es nur tun. Es ist kein Buch. Es ist Lebensmacht. Und es ist unmöglich, auch nur eine Zeile zu begreifen, ohne den Entschluss, sie zu vollziehen. Darauf beruht ja die härteste Unmöglichkeit menschlicher Verständigung, dass den Glauben nur versteht, wer glaubt – dass wir erst Glauben lernen, wenn wir beten, und doch nur beten können, wenn wir glauben. Christus hat nicht geschrieben. (...) Er hat gelebt; er ist lebendes Wort. Und auch heute redet das Buch nur, weil er lebt und weil wir im Lichte des über die Welt gesandten Geistes das Licht sehn." Doch es sollte noch dauern, bis Schneider erstmalig nach seiner Bekehrung an der Eucharistie teilnahm: „An einem Neujahrstag, 37 oder 38, ging ich in Potsdam zum ersten Mal zur heiligen Messe seit vielleicht zwanzig Jahren. Ich kam wie einer, der die Sprache verlernt hat, in die Heimat. (...) Ich war auf die objektive Wahrheit gestoßen, die Wahrheit in Fleisch und

Blut und zugleich göttliche außerweltliche Macht. Sie ist für mich die einzige Macht, die ein Leben aus den Angeln heben kann."

Nach seiner bewussten Entscheidung für den christlichen Glauben, kam Selbstmord für Schneider nicht mehr in Betracht. Er empfand ihn als „Auflehnung gegen Gottes Gesetz; aber auch gegen den auferlegten Anteil an dem in jedem Falle mitverschuldeten Leid der Welt“. Doch zugleich bekannte er: „Ich weiß auch heute nicht, welche Kraft die hinunterziehende bezwingen soll, wenn nicht die Kraft Jesu Christi. Entzieht sich diese Kraft einen Augenblick, so ist kein Widerstand mehr.“ Und: „Die innere Verwundung, die er (d.h. der Entschluss zum Selbstmord; M.H.) zurücklässt, vernarbt nicht. Wer sich auf solche Weise einmal von Welt und Menschen geschieden hat, wird sich nie mehr in ungeteilter Gegenwart an ihren Tisch setzen.“

Welche konkrete Auswirkung Schneiders bewusste Hinwendung zum christlichen Glauben haben sollte, zeigte sich schon sehr bald während der Schreckensjahre des Dritten Reiches, in denen sich ja seine Bekehrung ereignet hatte. Bereits 1934 hatte Schneider von der Existenz der Konzentrationslager erfahren. Seitdem ließ ihn das Leiden der in die Lager und Gefängnisse Verbannten nicht mehr los. In der 1938 erschienenen historischen Erzählung *Las Casas vor Karl V.* lässt er den Dominikaner Las Casas in einer große Disputation mit dem spanischen Rechtslehrer Sepulveda vor den Kaiser treten, um als Fürsprecher der Indios in den südamerikanischen Kolonien leidenschaftlich Protest zu erheben gegen deren Unterdrückung, Misshandlung und Zwangsmissionierung durch die sich als Vertreter einer höherwertigen Rasse verstehenden spanischen Konquistadoren. Im Gegensatz zu Sepulveda, der das Herrenrecht vertritt, streitet Casas für das Naturrecht, für die Befolgung einer am christlichen Menschenbild ausgerichteten Ethik, für die Gleichberechtigung und Freiheit jener geschundenen, vom Völkermord bedrohten unglücklichen indianischen Völker. Mit dieser historischen wie zugleich exemplarischen Erzählung hatte sich für Schneider nach seinen eigenen Worten „die Möglichkeit geboten, ein Wort gegen die Judenverfolgungen und gegen die radikale Herabsetzung des Menschenwertes zu sagen“.

Dass *Las Casas* überhaupt erscheinen konnte und die Zensur die Brisanz und Allegorie der Erzählung nicht bzw. erst später erkannte, ist erstaunlich genug. Doch von Jahr zu Jahr werden die Angriffe der Presse gegen Schneider wütender und heftiger.

Wenige Monate nach Beginn des 2. Weltkriegs wird ihm schließlich die Druckerlaubnis verweigert.

Und doch ist es ausgerechnet die Zeit des Krieges, in der Reinhold Schneider wie kaum ein Zweiter durch sein Schrifttum so überaus nachhaltig auf Millionen Deutsche einwirken sollte. Durch ungezählte Briefe, durch religiöse Kleinschriften und Gedichte in Form von vierzehnzeiligen Sonetten – heimlich gedruckt oder kopiert – versuchte er vor allem den auf den Schlachtfeldern Aug' in Aug' dem Grauen gegenüberstehenden oder durch den Krieg bereits innerlich wie äußerlich schwer verwundeten Soldaten in ihrer Not und Glaubensgefährdung geistliche Deutung, Trost und Ermutigung zu geben. Seine Schriften erreichen die Soldaten an der Front, in den Gefangenenlagern und Lazaretten; ja bis hinein in den Kessel von Stalingrad und in Konzentrationslager sickern sie durch. Schneider wiederum erhält Tausende von Briefen, in denen einfache Soldaten, Mütter von Gefallenen, Schwestern aus Krankenhäusern und Lazaretten ihm tief bewegt ihren Dank aussprechen. Wenngleich ihn „das Gefühl, in irgendeinem, wenn auch noch so bescheidenen Sinne der herrschenden Macht entgegenwirken zu können", förmlich „trug", so konnte er gleichwohl das durch das Kriegsgeschehen hervorgerufene unermessliche Leid nur betend bestehen – das Gebet als eine „Möglichkeit der Existenz und zugleich der Gegenwirkung" empfindend.

So war die auch für Schneider so überaus schwere Zeit der Naziherrschaft, nach Aussage seines Freundes Bergengruen, „wohl seine glücklichste Zeit" gewesen. Denn in jener Stunde fühlte er sich gefordert und gerufen zu einem tätigen, mit Sinn gefüllten Dienst an seinen Mitmenschen, die er in ihrer Not nicht im Stich lassen konnte noch durfte. Und die ihn in dankbarer Rückmeldung in seinem Tun bestätigten. Das alles vermochte ein positives Gegengewicht zu bilden zu der ihm auch weiterhin teils offen, teils latent zusetzenden Schwermut. Schneider selbst schrieb in jener Phase seines Lebens einmal an Heinrich Graf Luckner: „Mir selber geht es seltsam: Oft habe ich das Gefühl, in einem fließenden Lichte zu stehen, so dass ich nicht weiß, wie ich das Fließende greifen soll. Dann kommen dumpfe Stunden tiefer Trauer und physischen Missbehagens. Aber das Licht kommt immer wieder zurück. Ich habe den ganz tiefen Glauben: jetzt ist meine Zeit, die Zeit, für die ich geboren bin."

Doch nun, nach seinem unerschrockenen, verzehrenden Einsatz im Dritten Reich, nach all den Anspannungen und Gefährdungen während des Krieges, aber auch nach den ihn so zermürbenden Anfeindungen in der Nachkriegszeit, als man ihn wegen seiner Ablehnung der Wiederbewaffnung der Bundesrepublik anprangert und denunziert – nun ergreift ihn mehr und mehr Erschöpfung, Resignation. Als er dann auch noch den Tod seiner Mutter miterleben muss, fühlt er sich wie von einer Axt getroffen. Er war ja nie wirklich gesund gewesen, war ständig (und zunehmend) gepeinigt von körperlichen Beschwerden und Gebrechen, vermochte schließlich sich nur noch am Stock stützend fortzubewegen, nur noch stehend an der Schreibmaschine zu schreiben. Doch alles hatte er tapfer ertragen, erduldet, niedergekämpft. Jetzt aber scheinen die körperlichen und seelischen Kräfte aufgebraucht, verzehrt. Und was noch schlimmer ist: Nunmehr wollen ihn auch seine Glaubenskräfte verlassen.

Das alles vollzog sich zunächst noch eher schleichend. Bis schließlich die Krise, die sich schon in den späten autobiografischen Bänden *Verhüllter Tag (1954)* und *Der Balkon (1957)* angedeutet hatte, auf die Spitze getrieben erscheint. Nachdem Schneider im Winter 1957/58 das so geschichtsträchtige Wien auf sich hatte einwirken lassen, werden seine bei diesem Aufenthalt gemachten Notizen unter dem Titel *Winter in Wien* veröffentlicht. Für nicht wenige seiner Leser und Freunde sorgten die hier niedergelegten Gedanken und Bekenntnisse für erhebliche Irritation.

Denn es gibt in dieser Niederschrift immer wieder Aussagen, ja ganze Passagen, die in ihrem Inhalt nicht mehr erfüllt vom Glauben sind, sondern die erfüllt sind von Zweifeln und Skepsis, von bohrenden Fragen, von einer tiefen Hoffnungslosigkeit. Doch man darf beim Lesen dieser tagebuchähnlichen Aufzeichnungen nie aus dem Auge verlieren: In *Winter in Wien* schreibt jemand, den mittlerweile die Schwermut vollends im Griff hat! Jemand, der nur innerhalb der Atmosphäre eines Caféhauses oder in einem im Keller liegenden Weinlokal („immer habe ich mich am liebsten in Höhlen und Kellern aufgehalten") seine Gedanken auf Papier zu bringen vermag. Die ständigen Bemerkungen, die er darin über das Wetter einstreut („böse nasse Kälte", „blaugrauer Föhnhimmel, krankes Licht", „Föhn, greller Gewitterschlag, überreizte Nerven, untröstliches Vorgefühl dunkler Ereignisse" u.a.m.) – all diese Beschreibungen wirken dabei wie Metaphern für seinen inneren Zustand, seine innere Erstarrung.

Sein Blick vermag jetzt auch nicht mehr die Schönheiten und die Wunder der Natur, die Ordnung und die Gesetzmäßigkeiten des Kosmos wahrzunehmen, sondern sein

Blick fällt jetzt gebannt und einseitig immer wieder auf die dunkle Seite, die Schattenseite, die der Natur *auch* innewohnt: nämlich auf das gnadenlose Gesetz des Fressens und Gefressenwerdens, dem alle Kreatur ausgeliefert ist. Auch flößen ihm zunehmend die unauslotbaren Dimensionen und Tiefen des Universums Entsetzen ein. Schrecken und Entsetzen ergreift ihn aber auch bei der Vorstellung, was der Menschheit künftig durch den mittlerweile möglich gewordenen Gebrauch (bzw. Missbrauch) atomarer Kräfte bevorstehen mag. Angesichts der atomaren Bedrohung der Menschheit ist ihm Geschichte zur „Farce" geworden, „zum Selbstmord der Welt" mutiert.

Es ist nicht zu übersehen: Schneiders Gottesbild hat Risse bekommen. Gott ist ihm zu einem *Deus absconditus* geworden, der ihm eher als ein Rätsel erscheint, denn als himmlischer Vater. Seine ihn bis dahin tragenden Glaubensgewissheiten befinden sich in einem Erosionsprozess. Widerstandslos überlässt er sich den Anfechtungen. Begegnet ihnen nicht mehr im Glauben, nicht mehr in der Berufung auf das biblische Zeugnis. Depressionen und Todessehnsucht hatten ihn ja zeitlebens umlauert. Doch jetzt gibt er sich der Schwermut und dem seine Existenz prägenden Grundgefühl des Leidens und des Schmerzes ungehemmt hin. Es ist fast so, als habe er sich in seine Melancholie immer weiter „hineingesteigert" (eine Beobachtung, die die mit ihm gut bekannte Nachbarin Maria van Look schon seit Jahren gemacht hatte). So dass er am Ende nur noch den einen Wunsch für sich hat: nicht ewiges Leben, sondern ewigen Tod, ewige Grabesruhe zu empfangen. Zwar „weiß" er, „dass Er auferstanden ist"; doch seine eigene „Lebenskraft ist so sehr gesunken, dass sie über das Grab nicht hinauszugreifen, sich über den Tod hinweg nicht zu sehnen und zu fürchten vermag". Auch wenn er sich immer noch bewusst ist, „dass durch die Untergänge hindurch der Weg des Heils führt, der Heimweg, an dessen Ziel der Sohn unter den Wunden der Glorie dem Vater die Welt zurückgibt", verblasst ihm doch die in die Zukunft weisende eschatologische Hoffnung immer mehr. Es ist ja nicht so, dass er das in der Sendung, dem Sterben und der Auferstehung Christi sich begründende göttliche Heilsgeschehen – von ihm lange Zeit froh bezeugt – inzwischen leugnen würde, aber in seiner Depressionsverengung vermag er es sich immer weniger anzueignen, für sich selbst zu ergreifen.

Und es ist auch nicht so, dass er nicht mehr beten würde: „Ich kann sehr wohl beten für andre, die Priester, Forscher, Staatsmänner, die Völker, die Kreatur, die Erde; für die Kranken (...) und für die Toten; (...) Ich habe ein tiefes Bedürfnis danach; es ist das, was mich hält, was mich morgens in die Kirche ruft." Aber: „Für mich kann ich nicht beten; und des Vaters Antlitz hat sich ganz verdunkelt; (...) ich kann eigentlich nicht ‚Vater' sagen." Schneider ist, nach seinem eigenen Bekunden, nur noch „wandermüde und welt- und glaubensmüde".

Am 7. März 1958 kam Reinhold Schneider wieder nach Freiburg zurück, wo er seit 1938 wohnte. Wenig später, am 6. April, stürzte er auf der Straße so schwer, dass er schon am nächsten Tag an den Folgen eines Schädelbasisbruchs im Freiburger Loretto-Krankenhaus gestorben ist.

Auch wenn Schneider in *Winter in Wien* einmal die Bemerkung macht, wieder dort „angelangt" zu sein, wo er „in Jünglingsjahren war", und er im selben Buch davon spricht, dass über seinem Grabe „das Nichts über dem Nichts zusammenschlagen wird", so geht man gewiss zu weit, wenn man ihn als Apostat, als Glaubensabtrünnigen, bezeichnen würde. Man wird wohl so sagen müssen: Schneider war infolge seiner zunehmenden Depressionen ein zutiefst angefochtener Christ, der in seiner Erschöpfung am Ende nicht mehr zu glauben vermochte, nicht mehr glauben wollte. Und der – ohne dass er je dem Glauben abgesagt hätte – immer mehr erfasst wurde von dem bedrängenden, alles andere absorbierenden Wunsch: *nicht mehr zu sein, auszulöschen im Nichts.*

Diese traurige Entwicklung ist die eigentliche Tragik seines Lebens.

Literatur- und Quellennachweis

Baumer, Franz: Reinhold Schneider, Berlin 1987
Koepcke, Cordula: Reinhold Schneider. Eine Biographie, Würzburg 1993
Nentwich, Andreas: Die Täter werden nie den Himmel zwingen („Die Zeit", 8.5.2003)
Schneider, Reinhold: Der Balkon. Aufzeichnungen eines Müßiggängers in Baden-Baden, Frankfurt/M. 1978
Schneider, Reinhold: Verhüllter Tag, Köln 1962 (6. Aufl.)
Schneider, Reinhold: Winter in Wien, Freiburg 1958 (2. Aufl.), mit der Grabrede Werner Bergengruens zum Tode von R. Schneider, S. 285ff

Reinhold Schneider. Leben und Werk im Bild. In Selbstzeugnissen und Worten der Mitlebenden (hrsg. von E. M. Landau, M. van Look, L. Mahnert-Lueg, B. S. Scherer), Frankfurt/M. 1977

Reinhold Schneider. Leben und Werk in Dokumenten, hrsg. v. Franz Anselm Schmitt, Olten 1969

Thiede, Carsten Peter: Vorwort zu Reinhold Schneider: Das Attentat und weitere Erzählungen, Basel/Gießen 2003

van Look, Maria: Jahre der Freundschaft mit Reinhold Schneider, Weilheim 1965

Widerruf oder Vollendung? Reinhold Schneiders „Winter in Wien" in der Diskussion, Freiburg 1961

Rudolf Alexander Schröder:
Rückkehr zum Glauben des Elternhauses

Rudolf Alexander Schröder hat in seiner Person erstaunlich viele Begabungen und Tätigkeiten vereinigt, ohne auch nur in einer von ihnen zu dilettieren. So war er nicht nur ein gefragter und mit Auszeichnungen bedachter Außen- und Innenarchitekt. Er galt auch als talentierter Aquarellmaler. Seine Werke wurden schon früh in der Bremer Kunsthalle, dessen Direktor er mehrere Jahre war, ausgestellt. Vor allem galt Schröder aber als brillanter, einfühlsamer Übersetzer und Nachdichter der Werke englischer, französischer, flämischer und – nicht zuletzt – antiker Klassiker ins Deutsche (darunter die *Ilias* und die *Odyssee*). Ebenso verfasste er neben einigen kleineren Prosawerken eine Vielzahl weltlicher und geistlicher Gedichte und vermochte sich als Essayist klug und kenntnisreich zu literarischen und anderen kultur- und geistesgeschichtlichen Themen und Fragen zu äußern. Für seinen Freund und Verleger Peter Suhrkamp war Schröder das „einzigartige Beispiel eines weltoffenen, weltfreudigen, weniger gelehrten als lebensechten Humanisten und Christen und eines demokratischen Bürgers in höchster Ausprägung". Bei all dem blieb es nicht aus, dass Schröder mit vielen Ehrungen (u. a. vier Ehrendoktorwürden sowie die Aufnahme in die Friedensklasse des Ordens Pour le mérite) ausgezeichnet und ihm die Präsident- und Mitgliedschaft zahlreicher geisteswissenschaftlicher Gesellschaften angetragen wurde.

Geboren worden ist Schröder am 26. Januar 1878 in Bremen als Sohn einer angesehenen Kaufmannsfamilie. Sein Vater, Johannes Schröder, hatte von 1859-1871 in Indien ein Handelshaus geführt. Dabei war er mit der Goßner-Mission in Berührung gekommen, wodurch sein Interesse an der Außenmission geweckt worden war. Wieder in Bremen zurückgekehrt und dort weiter als Kaufmann tätig, gehörte er dann dem Vorstand der Norddeutschen Missions-Gesellschaft an. Ebenso war er Vorstandsmitglied der örtlichen Inneren Mission und Mitbegründer der „Friedenskirche". Dessen Pfarrer war der auch als christlicher Schriftsteller bekannte Otto Funcke: ein wegen seiner klaren Verkündigung und seines überzeugend gelebten Christseins von vielen geschätzter Mann. Daher wundert es nicht, dass Schröder später von einem „innerlich erlebten und praktisch betätigten Christentum" spricht, dem seine Eltern anhingen. „Es war eine dem Pietismus nahestehende und zudem durch englische Einflüsse bestimmte Frömmigkeit, die die geistige Atemluft unseres Hauses bildete. Zu den ‚Stillen im Lande' hatte als Anhänger der Brüdergemeine auch mein Großvater mütterlicherseits gehört (...), und das ‚Jesu geh voran' des Grafen Zinzendorf, Lieblings- und Sterbelied meines Großvaters, hat meine Kinderzeit begleitet, zu deren frühesten Gedächtnisbildern meine eigene kleine, am Klavier mit der Mutter singende Person gehört."

Bei den täglichen Hausandachten wurde bevorzugt aus Spenglers dickleibigem Buch *Pilgerstab* vorgelesen. Wegen seiner langatmigen Ausführungen hielt der kleine Schröder den Verfasser für einen „ausgemachten Kinderfeind". Da waren die zahlreichen Gäste, die sich in dem gastfreundlichen Haus vorübergehend einquartierten oder auch nur zum Mittagstisch eingeladen wurden, schon interessanter: Kandidaten der Theologie, reisende „Gottesmänner", Missionare aus fernen Ländern. Letztere brachten manchmal sogar „Negerknaben" mit. Schröder ist seine frühe Kindheit jedenfalls überaus positiv in Erinnerung geblieben. „Wie ein einziger Sonnentag" ist sie ihm nach eigener Aussage vorgekommen.

Allerdings hatte sein „liebevoller und warmherziger" Vater eine fatale Charakterschwäche, die sich zuweilen in der Kindererziehung ungünstig auswirken konnte: Er neigte zu unbeherrschten Zornausbrüchen. Andererseits konnte sich der Vater aber auch, wenn er wieder einmal von seinem Jähzorn hingerissen wurde, selbst bitter anklagen. Auch vor anderen. R. A. Schröder: „Er hat hier und da selbst seine Kinder um Verzeihung gebeten, wenn er glaubte, in Strafe oder Vorwurf zu weit gegangen zu sein. Und da in unserer Welt noch nicht das viel berufene Wunschbild der ‚Kameradschaft' zwischen Eltern und Kindern diskutiert wurde, sondern noch die Vorstellung herrschte, nach der der Vater Herr und die Mutter Herrin des Hauses und der Sippe waren, so (...) setzte dieser heroische Akt der Selbsterniedrigung uns in Verlegenheit, indem er gewissermaßen unsere eigene sittliche Welt aus den Angeln hob."

Von ganz anderer Wesensart als der Vater war hingegen die Mutter: begütigend, beruhigend und somit in der Kindererziehung ein ausgleichendes Gegenüber zu ihrem Mann. Erinnert sich der Sohn seiner Mutter, so gerät er geradezu ins Schwärmen: „In ihrer vollkommenen Liebe, vollkommenen Gerechtigkeit und Güte wusste man sich ausgeglichen und ausgewogen. Sie sprachen aus der sanften, leuchtenden Tiefe der schönsten Augen, aus dem Klang der wärmsten und süßesten Stimme, in die wir jemals geblickt, die wir jemals vernommen. Wenn es ein Geschenk von Mensch zu Mensch, wenn es Segnungen, von Erdenkindern an Erdenkinder ausgeteilt, gibt, die völlig unverdankbar, mit keinem Wort und keiner Tat liebevoller Erwiderung zu entlohnen wären, so ist es das Geschenk und der Segen, die in der Liebe und Fürsorge einer frommen und guten Mutter ihren Kindern zuteil werden."

Nach bestandenem Abitur im Jahr 1897 geht der Kaufmannssohn nach München. Geplant ist eigentlich, dass er an der dortigen Universität Philosophie (oder aber Architektur und Musik) studiert. In Wirklichkeit kann jedoch bei Schröder, der zeitlebens ein eigenwilliger und eigenständiger Autodidakt bleiben sollte, von einem planmäßig betriebenen Studium keine Rede sein. Stattdessen bringt er gemeinsam mit seinem wohlhabenden Vetter Alfred W. Heymel und dem Schriftsteller Otto J. Bierbaum eine Zeitschrift „literarisch-künstlerischen Charakters" heraus: „Die Insel", aus der später der von Anton und Katharina Kippenberg geführte Insel Verlag hervorgehen sollte. Ansonsten führt er in vollen Zügen ein ungezwungenes Künstler- und Studentenleben in der an kulturellen Gütern so reichen bayerischen Residenzstadt. – Nach einjährigem Militärdienst wohnt Schröder dann für einige Jahre in Berlin, um später wieder nach Bremen zurückzukehren. Er beginnt, sich als Architekt, aber auch als Übersetzer klassischer Werke einen Namen zu machen.

Rudolf Alexander Schröder hatte sich im Alter von etwa sechzehn, siebzehn Jahren vom Glauben seines Elternhauses abgewandt und in die eh schon um ein Jahr hinausgezögerte Konfirmation „grade eben mit Ach und Krach eingewilligt". Was folgte, waren Jahre, die er später als „Jahre völligen Unglaubens" bezeichnete. Sie dauerten bis etwa zu seinem vierzigsten Lebensjahr an und reichten damit bis zu der Zeit, da sich der Erste Weltkrieg bereits seinem Ende näherte. Schröder selbst war am 1. August 1914 eingezogen worden.

Dass Schröder wieder einen Halt gefunden hatte in dem Glauben, dem er in seinem Elternhaus von Kindheit an begegnet war, dazu dürften die Kriegserfahrungen und die schwere Enttäuschung über den in die Niederlage und in den Ruin Deutschlands führenden Kriegsverlauf sowie eigene Krankheit beigetragen haben. Dazu beigetragen hatte aber auch die zunehmende Erkenntnis, dass keine Weisheitslehre, dass auch nicht der Humanismus die eigentliche Seins- und Wesenswirklichkeit des Menschen ausreichend erfasst und sie – wenn überhaupt – nur unzureichend zum Guten zu verändern vermag. Mehr und mehr wurde es Schröder bewusst, dass der Mensch in seiner gebrochenen, schuldverhafteten Existenz notwendigerweise eines von außen – d. h. von Gott – herrührenden Heils, einer von Gott kommenden Erlösung bedarf. Er fing an „einzusehen, dass das Böse seinen Sitz im Herzen jedes einzelnen Menschen hat und dass trotzdem hinter und über allem der eine Gott steht, der jedes seiner Geschöpfe in väterlichen Händen hält."

Auch waren es, wie Schröder einmal in einem Festvortrag zu Paul Gerhardt bekannt hat, dessen „Lieder gewesen, an denen ich mit leichter Hand zurückgeführt worden bin, noch ehe mir das Wort der Schrift selbst wieder lebendig geworden war". Besonders das Lied „Gib dich zufrieden und sei stille in dem Gotte deines Lebens" war mit ihm gegangen „durch Jahrzehnte, in denen ich mich der Lehre und der Kirche Jesu Christi entfremdet wähnte, sein Seelenton hat mich auch damals, manchmal bis zu Tränen, gerührt". Und in einem anderen Vortrag (zu Martin Luther) gestand Schröder: „Lange Jugendjahre hindurch sind Paul Gerhardts Lieder einer der wenigen Fäden geblieben, die mich mit dem Glauben und der Andacht meines Vaterhauses noch verbanden. Ich glaubte damals nur ihre reine und große Kunst zu bewundern. Aber diese große Kunst hat mich – vor allem durch die Kriegsjahre hindurch – langsam und unvermerkt wieder vor die Pforte geführt, hinter der ihr Geheimnis und ihr Ursprung wohnt."

Doch auch die Berichte in den Evangelien über die Auferstehung Jesu, die er immer wieder einmal lesend und sinnend zur Hand nahm und deren Trost stiftende Wahrheit sich ihm angesichts des plötzlichen, nicht vorhersehbaren Todes seines Freundes Eberhard von Bodenhausen im Frühjahr 1918 in beeindruckender Weise bestätigte, führte mit zu Schröders Wandlung. Damals hatte er – noch vor der Beisetzung – mit den Angehörigen des Verstorbenen zusammengesessen und ihnen gemeinsam die Auferstehungsgeschichten vorgelesen: „Da haben wir einen Trost verspürt, so gewaltig und fest, wie kein andrer je hätte sein können; und er ist mit mir gegangen bis heut und wird, so Gott will, mit mir gehen bis ans Grab und übers Grab hinaus. – Es hat sich auch keiner von uns in jener Stunde daran gestoßen, dass etwa die Berichte von dem Geschehen am Grab jedesmal ein wenig anders lauteten; das schien uns im Gegenteil ihren Charakter als den unmittelbarer Zeugenschaft nur in ein noch helleres und lieblicheres Licht zu rücken." Es waren also viele Umstände zusammengekommen, die sich immer mehr bündelten und schließlich in jenes Bekehrungsereignis mündeten, das Schröder existenziell derart erfasste, dass er, nach seinem eigenen Empfinden, zu „ein(em) – soweit ein Mensch das von sich selbst sagen kann – von Grund auf Verwandelten" wurde.

Die liberale Theologie, die die Faktizität etwa der neutestamentlichen Berichte über die Wunder und Auferstehung Jesu bestritt und diese zu entmythologisieren versuchte, lehnte Schröder, der während des Dritten Reiches angefangen hatte, auch selbst zu predigen, nicht nur vor dem Hintergrund eigenen, subjektiven Erlebens, sondern auch aus Gründen objektiver Textbewertung ab. In seinem zur Passionszeit 1940 veröffentlichten, viel beachteten Aufsatz „Christ ist erstanden" schreibt er u.a.: „Ich habe als Sohn eines frommen Vaterhauses etwa von meinem siebzehnten Jahr bis gegen mein vierzigstes gemeint, alle Brücken zwischen mir und einem bekennenden Christentum abgebrochen zu wissen. Respekt habe ich freilich immer behalten, aber nur für die vorbehaltlosen Vertreter eines Bekenntnisses, dem ich mich hoffnungslos entfremdet wähnte. Den sogenannten Liberalen, die bald auf die eine, bald auf die andre Weise mit der Zeit zu gehen versuchten, habe ich mich auch in den Jahren völligen Unglaubens nie in irgendeiner Weise nahe gefühlt. (...) Nun habe ich aber in jenen Jahren trotz allem mein Erlebnis mit der Schrift gehabt. (...) Da war etwas, das meinen Blick und mein Verlangen immer wieder, wenn auch wohl nur halb bewusst, anzog. Das waren die Berichte der vier Evangelien von der Auferstehung Jesu Christi. Las ich sie, so wurde mir still ums Herz und – mitten in meiner Weltverlorenheit und Weltseligkeit – musste ich mir sagen, dass es mir völlig unmöglich sei, wenigstens im Augenblick des Lesens und Hörens, diesen Erzählungen *keinen* Glauben zu schenken. (...) Ich habe mich vor ihnen als der Dichter, der ich war (...), gefragt, ob ich es allen Ernstes für möglich halten könne, dass eine Erzählung wie die von der Begegnung in Emmaus (...) ein Märchen, gar etwa ein ‚zu frommen Zwecken' ausgedachtes und weitergegebenes sei. (...) Und ich habe mir immer wieder sagen müssen, ich halte das ‚nach bestem Wissen und Gewissen' als Kenner meines Handwerks für ausgeschlossen. – Es hat eine gute – oder schlimme – Weile gedauert, bis ich auch nur die notwendigsten persönlichen Folgerungen aus diesem Eingeständnis gezogen und den Sprung in den Abgrund gewagt habe, in das ‚Stirb und Werde', dessen ‚greifbares' Siegel grade diese Geschichten sind."

In der jungen Bundesrepublik genoss Schröder hohe Reputation. Das lag auch daran, dass er – nach Meinung Bernhard Zellers – „den aus dem Exil oder aus dem KZ zurückgekehrten wie den unbehelligt gebliebenen Schriftstellerkollegen und manchem früheren Mitläufer des Nationalsozialismus gleichermaßen für integer galt und mit der Freiheit des Alters zwischen ihnen vermitteln konnte." Von dem Bundespräsidenten Theodor Heuss, für den Schröder nicht nur „ein Dichter mit Gestaltungskraft (...), sondern eine auch in ihrem geistig-moralischen Gesamthabitus anerkannte

Persönlichkeit" war, bekam er den Auftrag, für die neue Republik die Nationalhymne zu dichten. (Das Parlament entschied sich dann jedoch für die dritte Strophe des von Hoffmann von Fallersleben verfassten Deutschlandliedes und damit gegen Schröders Text.)

Rudolf Alexander Schröder, der 1935 in den kleinen, in der Nähe des Chiemsees gelegenen Ort Bergen übergesiedelt war, wo seine Schwester Dora dem Junggesellen den Haushalt führte, starb am 22. August 1962.

Exkurs

Rudolf Alexander Schröder im Dritten Reich

Da in den letzten Jahren Schröders Verhalten im Dritten Reich z. T. recht kritisch bewertet worden ist, soll an dieser Stelle näher auf diesen Themenkomplex eingegangen werden.

Wahr ist, dass Schröder bei Ausbruch des Ersten Weltkriegs eine Serie von Kriegsgedichten verfasst hat. Das bekannteste dieser Gedichte, das mit „Deutscher Schwur" betitelte „Heilig-Vaterland"-Gedicht[1], sollte später eine ganz besondere und wenig rühmliche Wirkungsgeschichte erfahren, indem es von den Nazis geradezu exzessiv für ihre eigenen Zwecke vereinnahmt wurde.[2] Allerdings muss man sich bewusst sein, dass jene Kriegsgedichte in einer Phase einer uns heute kaum noch vorstellbaren allgemeinen Kriegs- und Vaterlandsbegeisterung entstanden sind und zu der Zeit nicht als anrüchig empfunden wurden.[3] Dennoch irritiert es, dass Schröder nicht darauf verzichtet hat, jenes Gedicht auch während der Nazizeit schon einmal zum Vortrag zu bringen. Auch dass er die Annexion des Sudetenlandes begrüßte, ist nicht unbedingt rühmlich zu nennen, mag aber wohl mit dem damaligen Geschichtsempfinden zusammenhängen.

Gegen Ende des Ersten Weltkrieges war es bei Schröder zu einer geistig-religiösen Wende gekommen. Nach dem Krieg arbeitete er für etwa ein Jahrzehnt vor allem als Innenarchitekt. Er erhielt so viele Aufträge, dass er in seinem Bremer Büro zeitweise zehn Mitarbeiter beschäftigte. Doch die Folgen der Weltwirtschaftskrise spürte auch Schröder. Zu Beginn der Dreißigerjahre hat er sich schwerpunktmäßig wieder der

Schriftstellerei gewidmet. („Mein Haus & meine Sachen versuche ich zu halten, bis die Krise, wo nicht vorüber sein, so doch ein deutlicheres Gesicht gewonnen haben wird." – Briefentwurf an Borchardt).[4]

Der nationalsozialistischen Bewegung, die sich in jener Zeit der Krise als Heilsbringer anpries, hatte Schröder jedenfalls nichts abgewinnen können. Sie war ihm von Anfang an geistes- und wesensfremd und erschien ihm zur Lösung der wirtschaftlichen und politischen Probleme als nicht kompetent. In einem Beitrag zum Jahreswechsel 1932/33 – also unmittelbar vor der Machtergreifung Hitlers – wird er deutlich: „Und ist die Reaktion, die unser Unglück bei uns auslöst, nicht ganz die nämliche wie die, mit der der ‚Zauberlehrling' der Überschwemmung zu begegnen sucht, nachdem zunächst sein unberatener Eifer das Unheil noch verschlimmert hat? Der Meister soll kommen, soll zu den Besenknechten sagen: ‚Seid's gewesen'. – Und so rufen auch wir nach dem, der die menschgewordenen oder doch wenigstens autonom gewordenen Elementarkräfte um uns her meistern möge. (...) Ein Führer soll herbei – Christ oder Antichrist, das verschlägt kaum noch, wenn nur der Schein einer Autorität, der Schein einer Hoffnung an seinen Reden und an seinem Tun haften würde!"

Wie sich bei Schröder nüchterne Zeitanalyse mit in Spott gekleidetem Galgenhumor verband, machen auch folgende an Rudolf Borchardt gerichtete Bemerkungen wenige Wochen später – Hitler ist inzwischen zum Reichskanzler ernannt worden – deutlich: „Das Unheil", lässt er den Freund wissen, „das die kommenden Monate entfesseln werden, wird über unsern Häuptern dahinbrausen, wenn es uns nicht vollends verschlingt. – Ich erwarte mit ziemlicher Bestimmtheit den dritten punischen Krieg. (...) Dass wir mit unserer Hitlerei wahrscheinlich das Unwetter entfesseln werden, ist das besondere Pech unsrer besonderen deutschen Albernheit und Wolkenkuckucksheimerei. So werden denn wohl wieder einmal die Trümmer einer europäischen Explosion (...) in der Hauptsache auf unser Land & seine freilich unbelehrbar törichten Insassen fallen." Und am 10.11.33 schreibt Schröder an Borchardt: „Was aus uns & mir nur werden soll, ist nicht vorauszusehen, noch weniger abzusehen. Man wird sich ins Unvermeidliche fügen und versuchen müssen, zu leben und dem unglücklichsten aller großen Völker zu dienen, soweit man es vermag. (...) Und die tragisch großartige Ironie des Augenblicks ist die, dass im Moment, wo bei uns alles von Gemeinsamkeitsphrasen & Floskeln überläuft und überschleimt, die endgültige Vereinsamung nicht nur der Nation, sondern innerhalb der Nation aller irgendwie wertvoller Personen & Tendenzen herbeigeführt scheint. (...) – Kannst Du noch Verse machen, guter B.? Mir fällt kein Reim mehr ein. Stell Dir vor, Du willst in einem Laden für 10 Pf. Stiefelwichse kaufen, & wenn´s dem Ladenschwengel so passt, musst Du beim kommen & gehen mit der entsprechenden (d. h. natürlich ganz besonders albernen) Geste ‚Heil Hitler' murmeln, wenn Du Dich nicht als Staatsfeind selbst entlarven willst usw., usw. – Schau, mein Lieber, & woher kommt unser beider Privat-Unglück? Davon, dass wir nicht Talent genug hatten, um das Horst-Wessel-Lied zu schreiben. Arische Großmütter hin & her."

Dennoch scheint es, dass die Nationalsozialisten in den Anfangsjahren des Dritten Reiches noch gehofft und versucht haben, den angesehenen und als politisch konservativ geltenden Dichter auf ihre Seite zu bringen. Mögliches Indiz hierfür ist auch, dass Schröder im Januar 1938 die erstmals ausgelobte Verdienstplakette für Kunst und Wissenschaft der Hansestadt Bremen aus der Hand des damaligen Bürgermeisters und SA-Führers Böhmcker empfing. Daraus jedoch eine Nähe Schröders zum Naziregime abzuleiten, ist abwegig, zumal der Geehrte die Ehrenplakette lediglich als eine Auszeichnung seiner Vaterstadt verstanden wissen wollte und nicht als eine politische Inanspruchnahme seiner Person. Erst jüngst hat Cornelius Borchardt, der Sohn des mit Schröder eng befreundeten jüdischen Dichters Rudolf Borchardt, in einer Sendung von Radio Bremen die Überzeugung vertreten, dass Schröder „ein absoluter Intimfeind dieses ganzen Nationalsozialismus (war) und ihn ins Bodenlose verachtete. Es ist wirklich lächerlich, dem Schröder eine Nähe zu diesem Nationalsozialismus zu unterstellen."

Dass Schröder an den von Hans Grimm einberufenen Lippoldsberger Dichtertagen von 1936 bis zu ihrer letzten Veranstaltung 1939 teilnahm, macht ihn ebenfalls nicht zu einem Nazisympathisanten. Sarkowicz/Mentzer schreiben in *Literatur in Nazi-Deutschland*: „Die ‚Lippoldsberger Dichtertage' (...) wurden bis 1939 von Hans Grimm ohne amtlichen Segen veranstaltet und waren dem Propagandaministerium allein deshalb verdächtig. Einen wie immer gearteten politischen Protest hätte niemand ernsthaft von den versammelten national-konservativen Autoren erwartet. Aber dass die Veranstaltung überhaupt stattfand, war schon ein Affront und damit auch Kritik an einer allmächtigen Kulturbürokratie. Wäre nicht der *Volk-ohne-Raum*-Autor der Organisator gewesen, hätten die Dichtertage sicher nicht all die Jahre stattfinden können."

Schon früh beanspruchte Schröder auf dem Gebiet der Dichtung und Kultur Toleranz und Meinungsfreiheit. Als die *Literarische Welt* zum „Tag des Buches" in einer Sondernummer vom 17. März 1933 Antworten verschiedener Künstler zu einer Rundfrage über „Die Gemeinschaft des geistig schaffenden Deutschland" veröffentlicht, ist in Schröders Beitrag zu lesen: „Niemand ist mir unverständlicher als der, der einen anderen um Fragen der Meinung willen verketzern oder diffamieren möchte. Solange unter Dichtern und Künstlern das Ziel und der Wille die gleichen bleiben, nämlich die, aus der Wirrnis und dem Zufall des eigenen Tages heraus mitzuarbeiten an der Gestaltung und Bewahrung des ewig gegenwärtigen Menschenantlitzes, solange mögen im Einzelnen die Differenzen sehr tiefgehender Art bestehen; im Ganzen sollte alle Arbeiter an dem gleichen Werk das Gefühl tiefer, durch nichts zu brechender oder zu ‚suspendierender' Solidarität beseelen."[5] In dem Zusammenhang ist es auch für Schröders geistige und menschliche Haltung bezeichnend, dass er es sich nicht nehmen lässt, 1935 den bei den Nazis verhassten Schriftsteller Thomas Mann zu dessen 60. Geburtstag ausführlich und voller Anerkennung zu würdigen. Eine daraufhin von Hellmuth Langenbucher erfolgte Attacke in der *Völkischen Kultur* wurde dann auch von vielen reichsdeutschen Zeitungen eilfertig übernommen. In dem Artikel heißt es: „Wenn Rudolf Alexander Schröders (dieser Mann kam übrigens unlängst seltsamerweise auch in der sonst so brauchbaren Monatsschrift des Verlages Langen/Müller *Das Innere Reich* zu Wort!! D. Schr.) Hymnus zu Thomas Manns 60. Geburtstag im Juni-Heft der *Neuen Rundschau* nicht von vornherein absichtlich so abgefasst ist, um uns damit zu ärgern, was ihm freilich nicht gelungen wäre, so muss er als ein Musterbeispiel von völliger Instinktlosigkeit heute unter uns lebender Schriftsteller, die verlangen und voraussetzen, dass wir ihre Werke kaufen, gewertet werden."[6]

Dennoch: Ein Mann des offenen Widerstandes war Schröder nicht. Die Nazis allerdings wussten, wo er stand. Und das bedeutete zunächst, dass er abseitsstand und sich zu ihnen in unüberbrückbarer Distanz befand. Und es bedeutete zum anderen, dass er mehr und mehr seinen Stand- und Wirkungsort innerhalb der Bekennenden Kirche gefunden und sich somit im Kirchenkampf gegen die „Deutschen Christen" und ihre Irrlehren positioniert hatte. Sein Freund Kurt Ihlenfeld, Schriftleiter des *Eckart* und Leiter des gleichnamigen Verlages, erinnerte sich später, wie Schröder „im Vaterland, das in die Hände der Räuber gefallen war, umherreiste, aus seinen Gedichten las, Vorträge und Predigten hielt, auf vielen Kanzeln stand – ein Laie, dem doch die Vollmacht des Wortes gegeben war –, vor Studenten, Professoren, Pastoren freimütig zu brennenden Tagesfragen sprach.“ Schröder selbst meinte 1952 im Hessischen Rundfunk: „In jenen Jahren waren meine eigenen Vorträge und Lesungen, soweit sie säkularer Natur waren, zwar nicht grundsätzlich verboten, wurden aber regelmäßig unter irgendeinem Vorwand im letzten Augenblick abgeblasen. Die Folge war, dass ich mein öffentliches Auftreten ausschließlich in kirchliche Räume verlegte, wo dergleichen weniger zu befürchten war.“ Und seinen Freund Rudolf Borchardt lässt Schröder im Kriegsjahr 1943 wissen: „Von den Zerstörungen könnt Ihr Euch keine Vorstellungen machen, meilenweite Trümmerfelder, wo einst Städte waren. (...) Unterdes fahre ich predigend & vortragend durch die Lande, alles nur ‚im Gemeindedienst‘. Von all diesen Dingen, auch meinen vielen geistlichen Liedern wird nichts gedruckt, sie laufen aber in vielen, vielen Abschriften von Hand zu Hand.“ Bei alldem erwies es sich für den Dichter als durchaus förderlich, dass er am 1. November 1942 in seiner Evangelisch-Lutherischen Kirche zu Rosenheim auch offiziell in den Dienst eines Lektors (eine Art von kirchlichem Laienprediger) eingeführt worden war und somit eine semi-pastorale Stellung besaß.

Mit seinen geistlichen Gedichten und Liedern, die in den Jahren der Naziherrschaft entstanden, bemühte sich Schröder, den von mancherlei Gegenwind angefochtenen und verwirrten Gläubigen im Verweis auf den lebendigen und in seinen Zusagen verlässlichen Gott Mut und Hoffnung zuzusprechen. Er will die Leidenden trösten, die Zweifelnden und in ihrem Glauben müde Gewordenen aufrichten und ihren Blick auf das Ewige und Bleibende richten.[7] Das folgende Lied – es ist 1936 entstanden – macht exemplarische deutlich, auf welchen Zeitgeist Schröders geistliche Dichtung damals zielte, auch wenn ihre Aussagen gleichzeitig allgemeine und über die Aktualität des Tages hinausgehende Gültigkeit besitzen:

Es mag sein, dass alles fällt,
Dass die Burgen dieser Welt
Um dich her in Trümmer brechen.
Halte du den Glauben fest,
Dass dich Gott nicht fallen lässt:
Er hält sein Versprechen.
(...)

Es mag sein, dass Frevel siegt,
Wo der Fromme niederliegt;

Doch nach jedem Unterliegen
Wirst du den Gerechten sehn
Lebend aus dem Feuer gehen,
Neue Kräfte kriegen.
(...)

Es mag sein, so soll es sein!
Fass ein Herz und gib dich drein;
Angst und Sorge wird's nicht wenden.
Streite, du gewinnst den Streit!
Die Zeit und alle Zeit
Stehn in Gottes Händen.

Von den Leiden der jüdischen Mitbürger war Schröder tief erschüttert. Dass er offensichtlich bemüht war, dem einen oder anderen Juden beizustehen, lassen folgende Passagen aus Briefen an den zum Kriegsdienst einberufenen jungen Pfarrer und Dichter Siegbert Stehmann ahnen:
27.11.41: „Ich bin wieder auf, muss aber alsbald nach München fahren, weil heute (...) die Nachricht kommt, dass eine alte arme Freundin von uns – fast mittellose Christin und ein völlig harmloser, braver Mensch – am 1. aus ihrer Wohnung heraus ins Judenelend gestoßen wird. Das spielt seit Wochen und hat uns alle – als bloß Mit-Leidende kaputt gemacht. Alle Schritte der Kirchenbehörden vergeblich. Der Einzelne kann, da die Anordnung von der zentralen Stelle ergeht, gar nichts helfen; so steht man dabei und bittet Gott um Gnade und Erbarmen für die, die es so furchtbar trifft, und für uns alle in dieser Zeit des Gerichts. Ach, Lieber, alle die haben hinübergehen dürfen, ohne dies miterleben zu müssen, beneidet man."
19.12.41 (an Stehmanns Frau): „Die Zeit wird ja immer finsterer. Umso heller strahlt das Weihnachtslicht, das ja eigens und ausschließlich nicht in die lichte, sondern in die finstere Welt gesandt ist. – Wir hatten hier recht traurige Wochen. die arme Caroline Borchardt[8], der Sie, glaube ich, auch einmal bei uns begegnet sind, habe ich nach wochenlangen vergeblichen Bemühungen, ihr zu helfen, an die Pforte des Judenlagers begleiten müssen. Gott sei Dank hat sie vorläufig noch die Möglichkeit, auszugehen, und einen vorzüglichen Pfarrer in der Nähe."
30.3.43: „Der Jammer der Judenaustreibungen berührt mich nach wie vor aus nächster Nähe. Man wird wohl nicht ruhen, bis man alle außer Landes und d. h. in diesen

Kriegszeiten den größten Teil umgebracht hat. So lebt man in Erwartung des *dies irae*."[9]

Unmittelbar nach Kriegsende gibt sich Schröder sehr differenziert Rechenschaft ab, wie es zum Dritten Reich überhaupt habe kommen können – und spricht sich dabei selbst von einer gewissen Mitschuld nicht frei. „Zunächst war's eine Bewegung unter anderen, scheinbar ähnlichen", schreibt er 1945 im „Brief an einen Heimkehrer" über die während der Weimarer Republik sich formierende NSDAP. „Was sie auszeichnete, war die von einem Mann und seiner Beredsamkeit ausgehende Faszination. – Und hier muss ich nun mein eigenes Schuldbekenntnis einschalten. Ich bin nie auch nur einen Augenblick lang dieser Faszination erlegen, habe bei kühler Einsicht in alles, was sich zugunsten der Bewegung – damals! – vorbringen ließ, ihr von vorneherein alles Böse nach- und vorausgesagt. Dabei habe ich persönlich den Fehler begangen, meine eigenen Einsichten als die einer vernünftigen Mehrheit vorauszusetzen und es für vollkommen unmöglich zu halten, dass in dem Land Luthers, Leibnitzens, Kants usw. die grauenvolle Albernheit des rosenbergschen Elaborats und das wahnschaffende Rassengeschwätz jemals zur offiziellen Schulmeinung werden könnten. (...) Meine Schuld, soweit von ihr hier die Rede zu sein hat, war nichts als eine sehr banale, sehr beschämende Mitschuld. – Wir alle, die wir damals für die geistige Haltung und Überlieferung der Nation mitverantwortlich waren, hatten – teils aus Harmlosigkeit, teils aus selbstischen Motiven – versäumt, uns zeitig Rechenschaft zu geben von den sehr realen Hintergründen und dem sehr realen Eigengewicht eines Volksaufstands, dessen Leiter mit unverantwortlichen Redensarten scheinbar lediglich ins Blaue zielten. Wolkenkuckucksheimerei hatten wir das genannt und nicht gemerkt, dass gerade wir es waren, die mit ihrer vornehmen Abkehr und Ablehnung sich in den Wolken befanden, aus denen wir alsbald sehr unsanft auf die Erde stürzen sollten. (...) Ein großes, ehemals geistbegabtes Volk hatte sich seinen Henkern auf Gnade und Ungnade überantwortet, und nun hieß es: Mitgefangen, mitgehangen. Was der Einzelne noch mit Gespräch, Rede, geschriebenem Wort heimlich oder öffentlich gegen die Verderber ins Feld führen mochte, blieb zur Ohnmacht verurteilt. Ein anderer Umstand kam hinzu, der vielleicht von vornherein unsern Widerstand geschwächt oder als aussichtslos hatte erscheinen lassen. Wir nicht auf eines der neuen Programme Eingeschworenen standen den neuen Schlagworten lediglich verneinend gegenüber. Wir hatten keine eigenen Lösungen der zugegebenermaßen verzweifelten politischen und wirtschaftlichen Problematik anzubieten, nichts, was ihnen im Sinne positiver Gegenvorschläge hätte Paroli bieten können." Was nun die politische Zukunft Deutschlands betraf, so rief Schröder zur „Einkehr und Umkehr – Einkehr v o r der Umkehr" auf und meinte weiter: „Von innen muss die Umkehr kommen; beim Einzelnen und im Einzelnen muss sie beginnen, wenn sie die Früchte tragen soll, deren wir alle so dringend bedürfen."

Der so sprach, galt in der jungen Bundesrepublik als eine Art geistig-moralische Instanz. Als ihm 1950 der kleine, in der Nähe des Chiemsees gelegene Ort Bergen, wohin Schröder Ende 1935 übergesiedelt war („der Blick auf die herrliche Bergkette ist es gewesen, der mich zum Ankauf des Häusleins veranlasst hat, als ich es für geraten hielt, vor dem Liebeswerben der Partei von meiner Heimatstadt fortzuziehen"[10]) zum Ehrenbürger ernannte, erschien sogar Theodor Heuss, der Bundespräsident. Der war es auch gewesen, der Schröder nach dem Krieg gebeten hatte, für die neue Republik die Nationalhymne zu dichten. Heuss damals: „Ich bat gerade ihn nicht nur deshalb, weil er ein Dichter mit Gestaltungskraft ist, sondern weil, wenn der Versuch zum Erfolg geführt werden soll, es gut ist, nicht einen beliebigen ‚Dichter', sondern eine auch in ihrem geistig-moralischen Gesamthabitus anerkannte Persönlichkeit damit zu beauftragen." Das Parlament hatte jedoch Schröders (nicht gerade gelungenen) Text abgelehnt und sich bekanntlich für die dritte Strophe des von Hoffmann von Fallersleben verfassten Deutschlandliedes entschieden.

Anmerkungen

[1] Seine erste sowie die vierte Strophe lauten:

1. Heilig Vaterland/ In Gefahren,/ Deine Söhne stehn,/
   Dich zu wahren./ Von Gefahr umringt,/ Heilig Vaterland,/
   Schau, von Waffen blinkt/ Jede Hand.
4. Bei den Sternen steht/ Was wir schwören;/ Der die Sterne lenkt,/
   Wird uns hören:/ Eh der Fremde dir/ Deine Kronen raubt,/
   Deutschland, fallen wir/ Haupt bei Haupt.

[2] So dass sich später Günter Grass – geplagt von grauenvoller Erinnerung – in einer ironischen Kolumne in der *Zeit* vernehmen ließ: „Wer als Dreiunddreißiger vom zehnten bis zum sechzehnten Lebensjahr Gelegenheit hatte, dieses Gedicht anlässlich Morgenfeiern, Weihestunden, beim Fahnehissen, im Zeltlager nahe dem Lagerfeuer, in Jungvolk- und Hitlerjugenduniform nach choralähnlicher Melodie, mit Todesschauern im Rücken oder sonst wo halb zu singen, halb in den Ostwind zu sprechen, wird gewiss heute noch aus unruhigem Schlaf aufschrecken und nicht frei von kaltem Schweiß D e u t s c h l a n d, f a l l e n w i r

H a u p t b e i H a u p t ins stockdunkle Schlafzimmer schwören und sein Eheweib erschrecken."

[3] So schrieb beispielsweise noch im Februar 1920 Hugo von Hofmannsthal an Schröder: „Dir ist einmal das ganz Unwahrscheinliche gelungen: in dem wunderbaren Gedicht: *Heilig Vaterland*, das ich nie laut vorlesen kann, ohne dass mir die Tränen in die Kehle steigen."

[4] Später hat Schröder einmal geäußert, dass er seine Tätigkeit als Innenarchitekt „endgültig aufgegeben" habe „mit der Nazizeit, wo ich mir sagen musste: Wenn ich jetzt noch so etwas machen will, muss ich mit den Leuten paktieren. Das wollte ich nicht."

[5] Bernhard Zeller: „Gegen diese Rundfrage machte Willy Vesper in seiner *Neuen Literatur* (H. 4, April 1933) so scharf Front, dass die Parteiblätter der Nationalsozialisten nur allzu willig diesen Angriff gegen die ungeliebte Zeitschrift von Willy Haas übernahmen." Zu Schröder hatte es in dem Schmähartikel geheißen: „Rudolf Alexander Schröder schlägt dann auch schon an seine und unsere Brust und schüttelt sein greises Haupt: ´Niemand ist mir unverständlicher als der, der einen anderen um Fragen der Meinung willen verketzern und diffamieren möchte.´ Ach Freunde, um Fragen der Meinung? Um die S e e l e d e s V o l k e s geht es uns und um nichts anderes (...)"

[6] Von Schröders Unvoreingenommenheit und Weite zeugt auch seine 1935 verfasste Buchbesprechung von Sydows *Dichtungen der Naturvölker*, die mit der nationalsozialistischen Rassenideologie (Schröder an Borchardt: „Dieser ganze säuische Blutaberwitz") nicht gerade konform ging. In der Rezension heißt es u.a.: „Und grade deshalb ist dies Buch so voller Lehre und Bestätigung, weil es – wenigstens unter einem bestimmten Gesichtspunkt – die denkbar objektivste Prüfung zulässt. Keines der europäischen oder Mittelmeervölker, keine der hohen Kulturen Asiens kommt in ihm zu Wort; und so scheiden gewissermaßen automatisch alle die Fragen des Vorrangs oder der gottgewollten Minderwertigkeit aus, um die gegenwärtig auf allen Seiten mit so viel Eifer gestritten wird. – Malayen, Polynesier, Neger, Zwergvölker Afrikas, Kirgisen der asiatischen Steppe, sibirische Teleuten, grönländische Eskimos sind es, die zu uns reden. (...) Je unerwarteter nun, je überraschender eine solche Spiegelung, Bewährung und Bestätigung unseres eigenen Wesens uns (...) entgegentritt, je spontaner wird auch das Wohlgefallen sein, das sie auslöst. (...) Durch die Tiefen der Zeit und durch die Breiten des Erdballs hin, geht in dem, was Herder so schön Stimmen der Völker genannt hat, eine Verständigung des ‚mit Zungen' Redens, öffnet sich, ungeachtet aller Hindernisse und Andersheiten des geschichtlichen Daseins (...) ein Reich derer, zwischen denen Friede walten darf, weil sie guten Willens sind.

Lasst alle Völker unter gleichem Himmel
Sich gleicher Gaben brüderlich erfreu´n!

In diese Formel hat Goethe unser Geheimnis geprägt."

[7] Rudolf Wentorf schreibt in seiner Schröder-Biographie: „Mitten in den schweren Jahren des Kirchenkampfes begegnete ich Rudolf Alexander Schröder das erste Mal in den Mauern der altehrwürdigen St.-Jacobi-Kirche. (...) Seine Lieder gingen unter uns von Hand zu Hand. Es war für manchen von uns ein unauslöschbares Erlebnis, als wir seine Lieder der Gemeinde das erste Mal vorsingen durften (...) Man muss dabei gewesen sein, um zu ermessen, wie wir damals durch seine Lieder gestärkt worden sind und mit welch fröhlichem Mut es dann weiterging."

[8] Caroline Borchardt, geb. Ehrmann, ist Rudolf Borchardts 1. Ehefrau gewesen. In „Erinnerungen an Rudolf Borchardt" (1947) schreibt Schröder: „Borchardt hatte sich nach jenem ersten Auftauchen in den Jahren 1900 bis 1901 für eine Weile von allem Verkehr mit den früheren Weggenossen in selbstgewählter Verbannung nach der Schweiz und nach England zurückgezogen, wo er dann in London seine erste Frau, eine hochbegabte Malerin, geheiratet hat. Sie ist mir bis an ihren im Schreckensjahr 1942 in Theresienstadt erfolgten Tod in naher Freundschaft verbunden geblieben. Eine kleine, mir gehörige Bibel habe ich ihr noch auf ihren letzten Schmerzensweg mitgeben dürfen, nachdem alle Versuche zu ihrer Rettung fehlgeschlagen waren."

[9] Dass Schröder ganz offensichtlich jemand war, der half, wo er sich dazu in der Lage sah, erlebte Suhrkamp bei seinen Besuchen Schröders in Bergen während der Nachkriegszeit. Suhrkamp: „Und so klein in Bergen Tisch und Haus sind, es ist immer noch Platz für Gäste. In seiner Umgebung trifft man Vertriebene, Waisen, Kränkliche, die er für eine Zeitlang unterbrachte, bei sich arbeiten lässt, und für die er sorgt, so nebenbei und so unauffällig, dass kein Nachbar darum weiß und die Aufgenommenen selbst manchmal es kaum merken."

[10] R.A. Schröder in einer Fernsehsendung 1958. Suhrkamp spricht davon, dass Schröder seine Heimatstadt verlassen habe, „weil ihm die Luft da zu dick wurde".

Literatur- und Quellennachweis

Bachmann, Wilhelm: Von Grund auf verwandelt. Die Wende zum Glauben im Leben von Rudolf Alexander Schröder. Bad Salzuflen 1965 (2. Aufl.)

Bleyl, Henning: Die Schröder-Dämmerung (taz.de. v. 2.2.2011

Borchardt, Rudolf/Schröder, Rudolf Alexander: Briefwechsel 1919-1945. München/Wien 2001

Ein Abend für... Rudolf Alexander Schröder. Von Michael Augustin und Walter Weber. radio bremen. Sendung v. 14.1.2012 (www.radiobremen.de/nordwestradio/sendungen/ein_abend_fuer/schroeder-rudolf-alexader100.html)

Fülle des Daseins. Auslese aus dem Werk von Rudolf Alexander Schröder, ausgewählt von Siegfried Unseld. Frankfurt/M. 1958
Groth, Peter: Schröder, ein schwieriger Geist (Weser-Kurier v. 22.8.2012)
Lölkes, Herbert: Rudolf Alexander Schröder. Stuttgart 1963
Sarkowicz, Hans/Mentzer, Alf: Literatur in Nazi-Deutschland. Ein biographisches Lexikon. Hamburg 2002 (erw. u. überarb. Neuausgabe)
Schröder, Rudolf Alexander: Abendstunde. Ein Selbstbildnis in Gesprächen. Hrsg. v. Rudolf Besch. Zürich 1960
Schröder, Rudolf Alexander: Aus Kindheit und Jugend. Hamburg 1935
Schröder, Rudolf Alexander: Christ ist erstanden. In: Auferstehung. Eine Botschaft und ihr Widerhall. Hrsg. v. Kurt Ihlenfeld. Berlin 1940
Schröder, Rudolf Alexander. Dem Dichter zum Gedächtnis. Hrsg. von Kurt Ihlenfeld. Witten/Berlin 1963
Schröder, Rudolf Alexander: Gesammelte Werke. 1. Bd.: Die Gedichte. Frankfurt/M. 1952
Schröder, Rudolf Alexander: Gesammelte Werke. 2. Bd.: Aufsätze und Reden I, Frankfurt/M. 1952
Schröder, Rudolf Alexander: Gesammelte Werke. 3. Bd.: Aufsätze und Reden II. Frankfurt/M. 1952
Schröder, Rudolf Alexander: Gesammelte Werke. 8. Bd.: Predigten zum Kirchenjahr. Frankfurt/M. 1965
Schröder, Rudolf Alexander/Stehmann, Siegbert: Freundeswort. Ein Briefwechsel aus den Jahren 1938-1945. Witten/Berlin 1962
Wentorf, Rudolf: Rudolf Alexander Schröder. Gießen 1965
Zeller, Bernhard (Hrsg.): Borchardt – Heymel – Schröder. Marbach am Neckar 1978

Sigrid Undset: Nobelpreisträgerin, Antifaschistin und bekennende Katholikin

Sigrid Undset ist Norwegens größte und bedeutendste Dichterin, deren Werke – allen voran die im Mittelalter spielende dreibändige Saga *Kristin Lavranstochter* – auch im Ausland viele begeisterte Leser gefunden hat. Im Jahr 1928 war der damals erst 46-jährigen Schriftstellerin der Literaturnobelpreis zuerkannt worden. Durchaus ungewöhnlich – aber für die Undset überaus typisch – war ihr Umgang mit dem Preisgeld. „Zuerst legte sie", so der mit ihr bekannte Dominikaner Pater Alby, „den erhaltenen Lorbeerkranz auf den Muttergottesaltar in der Dominikanerkirche in Oslo; dann teilte sie die große Preissumme in drei Teile und bestimmte den ersten zugunsten der Alterskasse des Schriftstellervereins, den zweiten für die anormalen Kinder, die in ihren Familien leben, den dritten zur Hilfe für religiöse Erziehung der Kinder armer katholischer Familien. Für sich behielt sie nichts."

Sigrid Undset wurde am 20. Mai 1882 im dänischen Kalundborg geboren. Ihre Mutter war Dänin. Ihr Vater, Ingvald Undset, war ein Norweger und galt als ein bedeutender Historiker und Archäologe und profunder Kenner der früh- und mittelalterlichen Geschichte Skandinaviens. Zwei Jahre nach der Geburt der Tochter ließ sich die Familie in Kristiana, wie Oslo damals genannt wurde, nieder.

Wie die meisten Norweger, so gehörten auch Undsets Eltern der lutherischen Kirche an. Allerdings war Ingvald Undset Agnostiker – trotz der hohen Achtung, die er dem Protestantismus entgegenbrachte. Die Mutter schloss sich später der katholischen Kirche an, ohne jedoch die Tochter sonderlich religiös zu beeinflussen.

An ihrem Vater, von dem sie sich schon als Kind für die frühe Geschichte ihres Landes begeistern ließ, hing Sigrid ganz besonders. Sein plötzlicher, unerwarteter Tod kurz vor Weihnachten 1893 war für das elfjährige Mädchen, das zuvor ein so unbeschwertes Leben hatte führen können, eine sehr schmerzhafte Erfahrung mit weitreichenden Folgen. Obwohl sie eine auffallende Begabung für die Malerei besaß, war nun an eine spätere künstlerische Ausbildung nicht mehr zu denken. Nach dem Mittelschulexamen wird sie von der Privatschule, die sie bis dahin besucht hat, heruntergenommen und auf eine Handelsschule geschickt. Mit sechzehn muss sie eine Stelle als Büroangestellte annehmen.

Sie lernt nun das triste, schlecht bezahlte Leben kennen, das junge, unverheiratete berufstätige Frauen führten. Aus der Banalität ihres unglücklichen Alltags flüchten manche in eine nicht weniger glückliche Ehe, die vielfach nur eine Versorgungsehe darstellt. Oder sie gehen Liebschaften ein, die sie am Ende doch nur unbefriedigt sein lassen. Sigrid Undsets frühes literarisches Werk handelt vom Alltag dieser Frauen. Von ihren ungestillten Sehnsüchten. Auch von ihrer Haltlosigkeit.

Zuerst schreibt Undset noch parallel zu ihrer beruflichen Tätigkeit. 1909 wagt sie es dann, als freie Schriftstellerin zu leben. Aufgrund eines Stipendiums, das ihr gewährt wird, ist sie nun auch in der Lage, verschiedene Auslandsreisen (Deutschland, Frankreich, Italien) durchzuführen. Ganz besonders zieht Rom, die „Ewige Stadt", sie an. Die antiken und mittelalterlichen Baudenkmäler und Ruinen, die vielen Museen und die noch zahlreicheren Kirchen mit all ihrer Pracht und Würde ergreifen und beeindrucken sie stark. Es kommt vor, dass sie eine bis dahin nicht bekannte religiöse Sehnsucht verspürt.

Und sie lernt den Kunstmaler Anders Carus Svarstad kennen, der ein Landsmann von ihr ist, verheiratet und Vater von drei Kindern. Nach seiner Scheidung gehen die beiden 1912 in Antwerpen die Zivilehe ein. Noch im selben Jahr kehren sie nach Norwegen zurück, wo sie in einem Osloer Vorort wohnen. Aus dieser Ehe sollten ebenfalls drei Kinder hervorgehen: die Söhne Anders und Hans und die schwer behinderte Tochter Tulla.

Doch in der Ehe der beiden künstlerisch so begabten Menschen kriselt es schon früh. Die Spannungen zwischen den Eheleuten werden immer schwerwiegender. Im Jahr 1919 schließlich bezieht Sigrid Undset ein eigenes, idyllisch gelegenes Holzhaus in der Nähe von Lillehammer. Neben der Erziehung ihrer drei Kinder widmet sie sich weiterhin der Schriftstellerei.

Im November 1924 war Sigrid Undset zur katholischen Kirche übergetreten. Kurz zuvor war ihre Ehe auch offiziell geschieden worden. Nach kanonischem Kirchenrecht hatte sie als ungültig gegolten, weil Svarstad ja schon einmal verheiratet gewesen war und seine erste Frau noch lebte. Undset selbst blieb nun unverheiratet, da nach ihrer Ansicht „Ehescheidung mit einer nachfolgenden neuen Verheiratung (...) außerhalb der Möglichkeiten" stand.

Die Konversion der Schriftstellerin von der lutherischen Staatskirche zu der sich in der Diaspora befindlichen katholischen Kirche erregte in dem protestantisch geprägten Norwegen naturgemäß großes Aufsehen. Unterstellungen und Anfeindungen gegenüber Undset blieben nicht aus. Doch dieser war es mit ihrem Übertritt nicht um eine Provokation gegangen, noch beruhte ihr Kirchenwechsel auf einem spontanen oder aus einer Laune heraus gefassten Entschluss. Vielmehr geschah er wohlüberlegt und muss als Abschluss einer inneren Glaubensentwicklung angesehen werden.

In ihrer Jugendzeit hatte es Sigrid Undset nach ihrem eigenen Bekunden „(...) für erwiesen“ gehalten, „dass der historische Mensch Jesus ein religiöses Genie war, dessen Intuitionen ihn in mehreren Entwicklungsstufen zur Idee eines Gottes unter den Menschen führten“. Dass es aber mit diesem Jesus und damit mit dem Christentum und der Kirche mehr auf sich haben könnte, als sie es sich in ihren jungen Jahren vorgestellt, das ahnte Undset bereits während ihres Romaufenthalts und dann in der Zeit des Ersten Weltkriegs und der unmittelbaren Nachkriegsjahre. Bei ihrer Suche nach einer spirituellen Beheimatung und metaphysischen Gewissheit hatte sie sich jedoch von Anfang an emotional mehr von der katholischen Kirche angesprochen gefühlt als von der eher nüchternen evangelisch-lutherischen ihres Landes, in der sie doch getauft und konfirmiert worden war.

Ebenso spielte Undsets kirchengeschichtliches und theologisches Verständnis bei ihrem Kirchenwechsel eine entscheidende Rolle. „Ich habe nie daran gezweifelt“, bekannte sie einmal, „dass die katholische Kirche die von Jesus Christus gegründete Kirche sei.“ Entsprechend verstand sie dann auch – recht undifferenziert und nicht frei von Vorurteilen – „die Geschichte der Reformation stets als eine Geschichte eines Aufstandes gegen das Christentum“. Und nicht zuletzt empfand Undset ein starkes Missbehagen gegenüber dem in der lutherischen Staatskirche vorherrschenden theologischen Pluralismus und Liberalismus, der – wie ihr schien – bei ihren Vertretern in Bezug auf die Verkündigung und Lehre zu einem recht willkürlichen Subjektivismus führte.

Dass ihr bei der beanspruchten „protestantischen Geistesfreiheit“ das Christus-Bekenntnis nicht eindeutig genug, sondern viel zu unscharf und mehrdeutig erschien, das machte sie – kampf- und bekenntnisfreudig wie sie war – 1927 in ihrem Essay „Rückkehr zur katholischen Kirche“ deutlich. Wobei sie auch den lutherischen Erzbischof Söderblom und dessen ökumenische Bestrebungen von ihrer harschen Kritik nicht ausnahm und u. a. erklärte: „Wir halten (...) unerschütterlich an der Überzeugung fest, dass *Christi Frieden* auf der Welt nur dann verbürgt ist, wenn wir mit Petrus, ohne lange an den Worten herumzudeuten, bekennen: *Du bist Christus, der Sohn des lebendigen Gottes!* (...) Entweder ist Jesus jener, an den auch wir unser Gebet richten, wenn wir um das beten, um was er uns beten lehrte, da ja er und der Vater eins sind (...), oder er ist ein Mensch, mag man ihn dann schließlich auch einen Übermenschen heißen, der aus seinem Selbstbewusstsein heraus so übermenschlich anmaßende Worte gegen die unsichtbare Allmacht gebrauchte. (...) Wir Katholiken bleiben aber bei der Überzeugung, dass die Menschen unter dem Rufe Christi nicht früher gesammelt werden können, als sie sich darüber geeinigt haben, wer Christus selbst war, und dass die Menschen unter der Lehre des Evangeliums sich nicht früher zusammenscharen werden, als man sich darüber einig geworden ist, inwieweit diese Evangelien das Wort Gottes oder nur eine Heldensage darstellen."

Der Grund für die auffallende Skepsis und die Vorbehalte, die die Dichterin gegenüber der protestantischen Kirche hegte, reichte weit bis in ihre Schul- und Konfirmandenzeit zurück. Sie war damals Vertretern der evangelischen Kirche begegnet, deren theologische Indifferenz – von der Heranwachsenden kritisch beobachtet und registriert – sie nicht zu überzeugen vermocht hatte. „Wir hatten", schreibt sie, „den Glauben an die Lehre von Gott, die unsere Väter festhielten (...), schon in den Tagen der Kindheit verloren. Der Fehler des protestantischen Religionsunterrichtes bestand darin, dass jeder Prädikant seine ‚persönliche Überzeugung' und ‚subjektive Auffassung' hatte – so dass wir alle zur Ansicht gelangten, der Glaube sei eine Geschmackssache (...). Doch die neuen Religionssysteme, die entweder von der Menschheit oder der Gottlosigkeit ausgingen, waren, als wir in die Welt der Erwachsenen eintraten und durch ihre Verfechter mit ihnen bekannt wurden, wahrhaftig noch viel weniger imstande, unsere jugendliche Skepsis für sich zu gewinnen."

Als Undset später die in Jesus Christus liegende und durch ihn vermittelte Wahrheit erkannt hatte und von ihr existenziell ergriffen worden war, konnte es für sie erst recht keine außerhalb der Person Jesu und seiner Lehre liegende Wahrheit geben. Die nach langem Suchen und unter schmerzhafter Aufgabe ihres Eigenwillens erfolgte Annahme der in Christus liegenden Wahrheit schloss für sie aber auch die Bereitschaft zur konsequenten Nachfolge ein. Gleichzeitig begriff sie – gemäß der im christlichen Glauben liegenden Paradoxie – die einmal gewählte Bindung an den Anspruch Jesu als die einzig mögliche Gewinnung wahrer menschlicher Freiheit. „Auf dieser Welt", so ihre Überzeugung, „können wir nur zu *einer* Freiheit gelangen, zu derjenigen, von der Unser Herr spricht, wenn Er sagt: ‚Die Wahrheit wird euch frei machen'. Doch wenn man diese Wahrheit anerkannt hat, und also frei geworden ist, kann man diese Freiheit nur bewahren um den Preis eines ständigen Kampfes gegen die Mächte, von denen man sich losgerissen hat. Vor allem muss man kämpfen gegen die Versuchung, rückwärtszuschauen und sich nach seinem alten romantischen Traumland zu sehnen, wo zwei und zwei alles ausmachen können und man selbst bestimmt, was wahr sein soll."

In der 1. Hälfte der Zwanzigerjahre waren Undsets drei Bände *Kristin Lavranstochter* (1920-1923) sowie ihr nicht weniger umfangreicher Roman *Olav Audunssohn* (1925) erschienen. Diese Epen stellen großartige Schilderungen des mittelalterlichen Lebens dar, voller Kraft und Intensität in ihrem Ausdruck. Mit grandiosen, geradezu plastischen Natur- und Landschaftsbeschreibungen. Die spannungsreiche Entwicklung der Hauptpersonen, ihre vielfältigen inneren wie äußeren Bedrängnisse und Probleme werden in sich stimmig und auf eine dem Leser psychologisch nachvollziehbare Weise entfaltet. Das religiöse Leben ist integrativer, organischer Bestandteil der vielschichtigen Handlungen und Geschehnisse. Sowohl *Kristin Lavranstochter* als auch *Olav Audunssohn* verkörpern das Schicksal von Menschen, die von den Folgen ihrer Eigenmächtigkeit und Sünde immer wieder eingeholt werden und deren Leben auf tragische Weise scheitert, da sie es nicht wirklich wagen, dem an sie ergangenen Ruf Gottes zu folgen. Dem von einer in seinen frühen Jahren begangenen schweren Verfehlung geplagten Audunssohn lässt Undset durch einen Mönch die Worte sagen: „Gott weiß alles, aber er wartet darauf, deine Stimme zu hören, nicht um zu züchtigen, sondern um zu vergessen." Und dass Gott „vom Ursprung der Zeiten an bis zum heutigen Tag auf die Menschen wartet", das wird schließlich nicht nur Olav Audunssohn am Ende seines Lebens bewusst, sondern das könnte als Leitmotiv auch über dem Leben der so eigenwilligen Kristin Lavranstochter stehen.

Wenngleich der Stoff der beiden Romanzyklen im Mittelalter angesiedelt ist – ihre Protagonisten sind in der ungeschmückten, realistischen Beschreibung ihrer innerseelischen wie zwischenmenschlichen Konflikte durchaus modern gezeichnet. Was nicht verwunderlich ist, da für Undset ohnehin galt, dass auch durch unterschiedliche Zeitalter und Kulturen hindurch der Mensch doch stets der gleiche geblieben ist, nämlich der Sünde verhaftet und der Erlösung und Gnade Gottes bedürftig. Undset: „Die Sitten und Gewohnheiten ändern sich alle Tage, nicht aber die Herzen der Menschen.“ Das Herz zu ändern aber vermag nur Gott. Auch dies eine Botschaft der norwegischen Dichterin, die man aus ihren Werken entnehmen kann.

1929/1930 bringt Sigrid Undset den in den Anfangsjahren des 20. Jahrhunderts spielenden Doppelroman *Gymnadenia* und *Der brennende Busch* heraus. Es handelt sich hierbei um einen Entwicklungsroman, der die Wandlung des freisinnig und liberal erzogenen Paul Selmer zu einem überzeugten katholischen Christen aufzeigt. Auch wenn Undsets dichterische Behandlung und Verarbeitung eines weltanschaulichen, mehr noch: religiösen Themas durchaus ihren Reiz hat, so befriedigt der Roman als literarisches Kunstwerk jedoch nur bedingt. Das liegt vor allem daran, dass das Werk zumindest phasenweise in die Nähe der Tendenzliteratur gerät, da die in ihm enthaltenen katholisch-apologetischen Reflexionen nicht nur in einem Übermaß – und damit zu aufdringlich – dargeboten werden, sondern auch allzu sehr in einem pauschalisierenden Schwarz-Weiß-Schema gezeichnet sind. Das führt beim Leser zuweilen zu dem Eindruck, als würden die (gar nicht einmal schlecht konstruierten) Handlungen des Romans schließlich nur dem Zwecke der Vermittlung der religiösen Überzeugungen der Autorin dienen.

Der Zweite Weltkrieg brachte für Undset große Erschütterungen und schweres Leid mit sich. Als im Frühjahr 1940 deutsche Truppen über das neutrale Norwegen herfallen und sich schon bald Lillehammer bedrohlich nähern, drängen die Lokalbehörden die Schriftstellerin zur Flucht. Und auch Undset selbst muss sich eingestehen, dass sie, eine erklärte, kompromisslose Gegnerin des Nationalsozialismus und Rassenwahns, von den Eindringlingen nichts Gutes zu erwarten hat. Überstürzt und nur mit dem Notwendigsten versehen, tritt sie die mühselige Flucht nach Schweden über verschneites und vereistes Gebirge an. Als sie endlich Schweden erreicht, muss sie erfahren, dass ihr ältester Sohn Anders als norwegischer Soldat im Kampf gegen die Deutschen gefallen ist.

Wenige Monate später macht sich Undset gemeinsam mit ihrem Sohn Hans (die Tochter Tulla war unlängst erst 23-jährig gestorben) auf den Weg in die Vereinigten Staaten, die ihr Asyl angeboten hatten. In New York lässt sie sich dann für die nächsten fünf Jahre nieder. In Ansprachen und Artikeln setzt sie ihren antifaschistischen Kampf gegen Nazideutschland fort. Im August 1945 kann Undset endlich in ihr geliebtes Heimatland zurückkehren. Es ist für sie eine große Enttäuschung, als die Nachkriegsjahre enthüllen, dass auch Norwegen „seine Folterknechte, Kriegsspekulanten und Lakaien der Nationalsozialisten" gehabt hat. Traurig konstatiert sie: „Wir müssen den Glauben aufgeben, besser als die anderen Völker zu sein."

Am 10. Juni 1949 ist Sigrid Undset nach einer schweren und schmerzvollen Nierenerkrankung gestorben. Das *Storting* ordnete für Norwegens große und unerschrockene Dichterin ein Staatsbegräbnis an.

Literatur- und Quellennachweis:

Baldus, Alexander: Sigrid Undstet. Leben und Werk, Speyer 1951

Chaigne, Louis: Sigrid Undstet. In: F. Lelotte (Hrsg.): Heimkehr zur Kirche. Konvertiten des 20. Jahrhunderts, 2. Bd., Luzern/München 1958, S. 55ff

Kerner, Charlotte: Sigrid Undset (1882-1949). In: Charlotte Kerner (Hg.): Madame Curie und ihre Schwestern. Frauen, die den Nobelpreis bekamen. Weinheim 1997, S. 105-137

Marocco, Pierina: Nachwort zu Sigrid Undstet: Das glückliche Alter, Frankfurt/M. 1999, S. 121ff

Undstet, Sigrid: Begegnungen und Trennungen. Essays über Christentum und Germanentum, Kempten o. J.

Undstet, Sigrid: Die Gefährdung des Christentums durch Rassenwahn und Judenverfolgung, Luzern 1935

Undstet, Sigrid: Glückliche Zeiten, Bonn 1957

Undstet, Sigrid: Wieder in die Zukunft, Zürich/New York 1944 (2. Aufl.)

Winsnes, A. H.: Leben und Werk von Sigrid Undset. In: Nobelpreis für Literatur 1928 für Sigrid Undset, Paris/Zürich o. J., S. 23ff

Special:
Georges Bernanos und die große Zeit der „Renouveau catholique"

Bis in die sechziger und siebziger Jahre des letzten Jahrhunderts gehörten die Werke des inzwischen in Vergessenheit geratenen französischen Dichters Georges Bernanos zu den Klassikern der europäischen Literatur. Bernanos galt neben Francois Mauriac und Paul Claudel – Literaturnobelpreisträger der eine, ewiger Nobelpreiskandidat der andere – als einer der Hauptvertreter des „Renouveau catholique". Jener an christlichen Werten orientierten literarischen Erneuerungsbewegung, die über mehrere Jahrzehnte des 20. Jahrhunderts hinweg ihre große Blütezeit erlebte und das Geistes- und Kulturleben Frankreichs zu befruchten und mitzugestalten vermochte. Und die dazu verhalf, dass es auch in Deutschland zeitweise so etwas wie eine „Renouveau catholique" gab.

Geboren wurde Georges Bernanos am 20. Februar 1888 in Paris als Sohn eines Dekorateurs und Möbelhändlers. Doch die französische Metropole war nicht das Traumland seiner Kindheit. Sein Kindheitsparadies war das im Artois gelegene Dorf Fressin, wo die Eltern ein großes Haus besaßen und der Junge während der langen Schulferien seine ganze Abenteuerlust und seinen großen Freiheitsdrang ausleben konnte. Seine Kindheit war Bernanos stets gegenwärtig, und er wurde nicht müde, die kindliche Grundhaltung, die sich durch Arglosigkeit, Offenheit und Vertrauen auszeichnet, als Glaubens- und Lebensmaxime zu empfehlen. Wie sehr das Kindheitsmotiv sein Schreiben beeinflusste – Bernanos hatte 1927 nach dem großen Erfolg seines literarischen Erstlingswerkes *Die Sonne Satans* seine Stelle als Versicherungsinspektor aufgegeben, um künftig als freier Schriftsteller zu leben –, das macht die folgende Briefpassage aus dem Jahr 1943 deutlich: „Was meine Bücher angeht", schreibt er, „so kommt das, was sie Gutes haben, von sehr weit her, aus meiner Jugend, aus meiner Kindheit. (...) Ich treffe den richtigen Ton, wenn ich als Christ spreche – unter der Bedingung, dass ich keine zu schwierige Partitur wähle, sondern bei dem bleibe, was ich einst vernommen habe, vor langen, langen Jahren, und das in mich eingegangen ist, noch ehe ich, menschlich gesprochen, alt genug war, es zu verstehen."

Der Glaube und die Frömmigkeit seiner mit vielen Priestern befreundeten Eltern zeichnete sich durch gelebte Glaubenspraxis aus. Tag für Tag suchten viele Bettler, teils von weither kommend, das elterliche Haus in Fressin auf. Sie wussten, dass der

Hausherr für ihre Nöte stets ein offenes Ohr hatte und sie mit einem Almosen rechnen konnten. Dem Sohn wurde früh beigebracht, ihnen mit Respekt zu begegnen und im Gespräch mit ihnen die Mütze in der Hand zu halten. Neben der Gnade Gottes verdankte Bernanos es seinem Elternhaus, dass der Glaube für ihn nicht nur als Kind eine Selbstverständlichkeit darstellte, sondern auch während seines ganzen Lebens. „Wer hat mich zuerst gelehrt“, äußerte er einmal, „dass der Glaube ein Geschenk ist? Ich weiß es nicht, meine Mutter vermutlich. (...) Der Glaube ist mir (...) nie als Zwang erschienen. Der Gedanke, ich könnte ihn gegen mich selbst verteidigen müssen, kommt mir gar nicht. Er ist es vielmehr, der mich verteidigt, er ist jener Teil der Freiheit, den ich nicht aufgeben könnte, ohne zu sterben.“

Sein Leben lang bewies der passionierte Motorradfahrer Bernanos Mut und Unerschrockenheit. Seit 1933 war er infolge eines schweren Unfalls körperbehindert. Er hatte sich, um einem Auto auszuweichen und ein Kind nicht zu gefährden, mit seiner Maschine gegen eine Mauer geworfen und dabei beide Beine gebrochen. Immer wieder setzten ihm periodisch auftretende Angstattacken zu, die sich bis zu einem Gefühl entsetzlicher Todesangst entwickeln konnten. Bereits als 17-Jähriger hatte er einen Priester wissen lassen: „Wenn ich sage, ich sei zu den Gedanken meiner Erstkommunion zurückgekehrt, so meine ich damit, dass ich besser denn je erkenne, wie sehr das Leben, selbst wenn der Ruhm ihm die höchste menschliche Erfüllung bringt, leer und saftlos ist, wenn es nicht ständig und unbedingt Gott einbezieht. Und daraus ergibt sich für mich der logische Schluss, dass man, um glücklich zu sein, für Ihn leben und sterben muss, dass jeder nach seinem Alter, seiner sozialen Stellung (...) und seinen Anlagen mitzuwirken hat, damit Sein Reich komme. Und so werde ich mich nicht vor dem Schreckgespenst des Todes fürchten.“

Bernanos‘ Erstlingsroman *Die Sonne Satans* gab bereits die Thematik seiner weiteren Dichtung vor: Diese zeigt den Menschen im Spannungs- und Entscheidungsfeld zwischen Gut und Böse, zwischen Gott und Satan. Protagonisten sind in der Regel Priester, die sich opferbereit um die ihnen anvertrauten Menschen und Gemeinden bemühen. Voller Mitgefühl zeichnet der Autor das armselige Leben der in ihren freudlosen Sünden gefangenen Seelen, die – unfähig den Mitmenschen, ja noch nicht einmal sich selbst zu lieben – häufig in Verzweiflung enden. In seinen Romanen und auch in seinen späteren politischen Pamphleten sind es vor allem folgende Eigenschaften, die Bernanos für den Menschen und die menschliche Gesellschaft, aber auch für die Kirche und die Kirchenvertreter als große Gefahren und in ihrer Wirkung auf das Leben und die Gemeinschaft als zerstörerische Übel ansieht und zu entlarven versucht: das Tolerieren und die Rechtfertigung von Unrecht und Ungerechtigkeit, die Gewohnheit an Lüge und Heuchelei, das Verharren in Stumpfsinn, Gleichgültigkeit und „Mittelmäßigkeit".

Sein wohl bekanntestes Werk, das *Tagebuch eines Landpfarrers*, hatte Bernanos auf Mallorca verfasst, wo er sich 1934 mit seiner Frau und den sechs Kindern wegen der dortigen niedrigen Lebenskosten niedergelassen hatte. Auf der Baleareninsel nun erlebte er die Anfänge des Spanischen Bürgerkriegs (1936-1939) hautnah mit. Sein 1938 erschienenes Buch *Die großen Friedhöfe unter dem Mond* ist ein ungeschminkter Augenzeugenbericht von den Untaten der italienischen und spanischen Faschisten auf Mallorca, es ist ein flammender Protest gegen den Spanischen Bürgerkrieg und gegen den nicht nur in Spanien, sondern in ganz Europa immer mächtiger werdenden Faschismus. Und es ist ein Protest gegen die katholische Kirche Spaniens, die sich bei dem Bürgerkrieg auf die Seite Francos gestellt und sein blutiges Unternehmen „als den Kampf des guten Prinzips gegen das Böse" dargestellt hatte.

Mit Ausbruch des Zweiten Weltkrieges wurde Bernanos, der sich inzwischen mit seiner Familie in Brasilien als Farmer niedergelassen hatte, durch seine polemischen Schriften und Stellungnahmen zu einem der geistigen Führer der französischen Widerstandsbewegung. Nach Kriegsende fordert ihn General de Gaulles zur Rückkehr nach Frankreich auf. Doch der Heimgekehrte ist mit der Politik der Vierten Republik unzufrieden. Ein ihm angebotenes Ministeramt lehnt er ab. Zunehmend setzen ihm Krankheiten und Erschöpfungszustände zu. Schließlich stirbt er an einem schweren Leberleiden am 5. Juli 1948 im Amerikanischen Krankenhaus von Neuilly-sur-Seine. Als er 1933 seinen schweren Motoradunfall erlitten hatte, hatte er in einer kleinen Karikatur sein Grab gezeichnet mit dem Hinweis: „Der Engel des Jüngsten Gerichts wird gebeten, die Posaune kräftig zu blasen. Der Verstorbene ist schwerhörig."

Bernanos besaß ein großes Selbst- und Sendungsbewusstsein. Als Christ wie als Literat, als politisch denkender wie als gesellschaftskritischer Geist. Darin war er vielen anderen Schriftstellern aus dem Kreis des „Renouveau catholique" nicht unähnlich. Der „Renouveau catholique", deren Mitglieder eine Erneuerung der Gesellschaft und des Geisteslebens aus christlich-katholischem Geist anstrebten, hatte sich in Frankreich gegen Ende des 19. Jahrhunderts etabliert, wo er sich „als eine feste kulturgeschichtliche Größe des 20. Jahrhunderts"(Kühlmann/Luckscheiter) durchsetzen konnte. Ihm kam entgegen, dass sich infolge der laizistischen Politik der „Dritten Republik“, die versuchte den öffentlichen und politischen Einfluss der katholischen Kirche durch repressive gesetzliche Maßnahmen zu beschneiden, unter nicht wenigen Intellektuellen so etwas wie eine Proteststimmung zugunsten der katholischen Kirche ausbreitete und diese interessant und attraktiv erscheinen ließ. So gewann der katholische Glaube als eine Alternative zu den weltanschaulichen Strömungen des Positivismus und Szientismus, des Nihilismus und des Materialismus gerade durch Versuche und Maßnahmen seiner Unterdrückung an Anziehungskraft. Es kam vor allem unter den Literaten und anderen Gebildeten zu regelrechten Konversions- und Reversionswellen. So unterschiedliche Schriftsteller wie Bloy, Huysmans und Péguy gaben dem sich bildenden „Renouveau catholique“ ein Gesicht, prägten und beeinflussten auch die nachfolgenden katholischen Dichtergenerationen.

Léon Bloy (1846-1917) selbst, mit einem van Gogh ähnlichem Naturell versehen, war eine Feuerseele, ein „am Rande des Wahnsinns“ (Karl Pfleger) dahinstürmender Kritiker eines oberflächlichen, selbstgerechten und verbürgerlichten Christentums. Der Lyriker und Essayist Charles Péguy (1873-1914) war Sozialist und glühender Patriot, der nach seiner Bekehrung 1908 in litaneiähnlichen Versen Heilige und heilsgeschichtliche Ereignisse besang, aber auch vor Kritik an der institutionalisierten Amtskirche nicht zurückschreckte. Sein Anspruch war: „Die Wahrheit sagen, die ganze Wahrheit, und nichts als die Wahrheit, einfach die einfache Wahrheit sagen, verärgert die ärgerliche Wahrheit, traurig die traurige Wahrheit.“ Der Romancier und Kunstkritiker Joris-Karl Huysmans (1848-1907) wiederum war 1892 zum Katholizismus konvertiert und lebte später als Laienbruder in einem Benediktiner-Kloster. Sein (noch vor seiner Konversion geschriebener) Roman *Gegen den Strich*, mit dem er Oscar Wilde zur Schaffung seiner dekadenten Dorian-Gray-Figur inspirierte, hat viele französische Schriftsteller des Naturalismus und Symbolismus nachhaltig beeindruckt.

Später kamen zum „Renouveau catholique“ weitere namhafte Dichter hinzu. Wie etwa Francois Mauriac oder der weltgewandte Diplomat Paul Claudel, der bis Anfang der 60er Jahre des vergangenen Jahrhunderts zu den Koryphäen der französischen Dichtung zählte.

Zu einem Kristallisationspunkt des „Renouveau catholique“ wurde das Haus des 1906 unter dem Einfluss Bloys zum Katholizismus konvertierten Philosophen Jacques

Maritain und seiner Frau Raissa in Meudon, „wohin“ – so Francois Mauriac – „so viele Schriftsteller, Dichter, Künstler, junge Priester gekommen sind, um sich zu setzen, um ein Wort zu hören oder sich in einem Gebet zu vereinen in der engen Kapelle im ersten Stock“.

Der „Renouveau catholique“ brachte keine neue Kunstrichtung mit einem einheitlichen ästhetischen Programm hervor. Auch konnte der politische Standort seiner einzelnen Vertreter durchaus differieren. Typisch für den „Renouveau catholique“ aber war das Bestreben, eine aus christlich-katholischem Geist gestaltete Literatur zu kreieren, die im Gegensatz zu einer als überholt geltenden Erbauungsliteratur der zeitgenössischen Dichtung auf Augenhöhe begegnete. Und die einen Beitrag leisten wollte zu einer neuen Form christlicher Apologetik und zu einer Durchdringung der Gesellschaft und Kultur mit Werten und Orientierungsofferten, die sich aus dem Christentum ableiten. Als gläubige Katholiken waren die Anhänger des „Renouveau catholique“ bemüht, den christlichen Glauben, so wie ihn ihre Kirche lehrte, offen zu bekennen und existenziell zu leben. Was sie aber nicht daran hinderte, Missstände innerhalb der katholischen Kirche und ihres Klerus ebenso offen zu benennen.

Mit der Zeit ließ die Frontstellung des laizistischen Staates gegen die katholische Kirche nach. Dazu trug die Teilnahme katholischer Priester am Ersten Weltkrieg und die Einbindung der katholischen Kirche in die „Union sacrée“, dem Zusammenschluss der politischen und gesellschaftlichen Gruppierungen des Landes gegen den Kriegsgegner, bei. Auch dass der Papst 1926 den katholischen Gläubigen eine Mitgliedschaft in der „Action francaise“ untersagte und damit eine Instrumentalisierung der Kirche durch die politische Rechte unterband, trug bei Nichtkatholiken zum Abbau von Misstrauen und Vorbehalten gegenüber der katholischen Kirche bei. Der „Renouveau catholique“ wurde mehr und mehr zu einem anerkannten Faktor im kulturellen Leben des Landes. In der Politik wurden vor allem nach dem Zweiten Weltkrieg, in dem auch katholische Geistliche und Vertreter des „Renouveau catholique“ der Résistance nahestanden, bekennende Katholiken wieder mit Ministerämtern betraut. Spätestens seit der 68er-Kulturrevolution kam es zum Ende des „Renouveau catholique“, dessen Niedergang sich allerdings schon in den Jahren zuvor angedeutet hatte. Katholische Positionen zu beziehen, galt als nicht mehr opportun.

Der „Renouveau catholique“ blieb nicht auf Frankreich beschränkt. Auch in anderen Ländern gab es im letzten Jahrhundert bis etwa Anfang der 70er Jahre eine beachtliche Anzahl von Dichtern, die vor dem Hintergrund ihres christlichen Glaubens ihre Werke gestalteten und mit ihrer auf einem anerkannt hohen Niveau stehenden Dichtkunst eine überaus große Lesergemeinde im christlichen wie nichtchristlichen Umfeld gewinnen konnten. Im Gegensatz zu ihren französischen Kollegen gehörten sie unterschiedlichen Konfessionen an. Es sei hier nur an die norwegische Literaturnobelpreisträgerin und engagierte Antifaschistin Sigrid Undset erinnert. Oder, für den angelsächsischen Sprachbereich, an den ebenfalls mit dem Literaturnobelpreis ausgezeichneten Dramatiker T.S. Eliot, an Evelyn Waugh, C.S. Lewis oder den kauzigen G.K. Chesterton sowie die Krimiautoren Bruce Marshall, Graham Greene oder Dorothy Sayers. Sie schrieben nicht nur Romane (oder im Fall von Eliot Theaterstücke), die Bestseller-Auflagen erzielten, sondern meldeten sich in ihrer Mehrheit auch immer wieder in kritischen Essays zu gesellschaftlichen, kulturellen, aber auch theologischen Fragen zu Wort. Die BBC ließ sogar während des Zweiten Weltkriegs C.S. Lewis in ihrem Programm regelmäßig Vorträge über christliche Glaubensfragen halten.

Auch in Deutschland bereicherten bis zum Beginn der 1970er Jahre bekennende christliche Dichter das Geistesleben und die Literaturvielfalt. Autoren wie Werner Bergengruen oder Reinhold Schneider zählten im Dritten Reich aufgrund ihrer persönlichen Integrität und ihrer christlichen und politischen Grundhaltung zum Kreis der sog. „Inneren Emigration". Ihre während der Naziherrschaft entstandenen Werke, wie *Der Großtyrann und das Gericht* (Bergengruen) oder *Las Casas vor Karl V.* (Schneider), standen im deutlichen Widerspruch zur Ideologie und zum Ungeist nationalsozialistischer Kultur und gehörten noch viele Jahre nach dem Krieg zum Literaturkanon an den Gymnasien. Erinnert sei aber auch an Edzard Schaper und Stefan Andres. Oder an die protestantischen Autoren Ernst Wiechert, Jochen Klepper, Manfred Hausmann, Albrecht Goes, Willy Kramp oder Rudolf Alexander Schröder. Gertrud von le Fort, die wie Bergengruen und Schaper zur katholischen Kirche konvertiert war, gehörte – zusammen mit der evangelischen Schriftstellerin Ina Seidel und der früh verstorbenen, recht exzentrischen Elisabeth Langgässer – zu den meistgelesenen deutschen Autorinnen nach dem Krieg. Wobei Elisabeth Langgässer – ungeachtet ihres im Katholizismus wurzelnden Standorts – mit ihrer eher surrealen, symbolträchtigen Ausdrucksweise praktisch zur Avantgarde moderner deutscher Dichtung zählte.[1]

Dass die Vertreter des französischen „Renouveau catholique“ auch in Deutschland bekannt wurden und ihr Einfluss und Gedankengut auch hierhin ausstrahlen konnte, ist neben anderen (wie etwa Karl Muth mit seiner christlichen Kulturzeitschrift „Hochland“) dem elsässischen Pfarrer Karl Pfleger und dem Schweizer Theologen Urs von Balthasar zu verdanken, die sich durch ihre Übersetzungen, ihre mannigfachen Publikationen sowie ihre persönlichen Kontakte als unermüdliche Vermittler des „Renouveau catholique“ in das deutsche Literatur- und Geistesleben einsetzten.

Selbst der aus katholischem Milieu kommende Heinrich Böll wurde nachhaltig von einem Vertreter des „Renouveau catholique“ geprägt: von dem christlichen Radikalen und Polemiker Léon Bloy, der in seinen Werken die Armen pries und die Wohlhabenden geißelte. Böll: „1936, Weihnachten, ich war 19 Jahre alt. Das erste Buch von Bloy. Es hieß *Das Blut des Armen*, schlug ein wie eine Bombe im deutschen Katholizismus und bei mir und meinen Freunden. Weil es etwas ausdrückte, nicht nur das Mystische bezüglich Geld, Blut des Armen, sondern eine Freiheit, eine Kühnheit der Gedanken und des Ausdrucks, den der extrem provinzielle lahme deutsche Katholizismus nie gekannt hat. (...) Das haben wir einfach verschlungen, das war jahrelang für uns die Bibel.“ Im Januar 1942 schrieb Böll seiner Braut: „Ich habe noch in Léon Bloys Tagebüchern gelesen, und ich spüre es wie immer, dass das wirklich mein Leben und mein Ziel ist, nur zu sagen, meinetwegen nur auf deutsch zu sagen, was er (auf) französisch gesagt hat. So ist es, das ist meine ganze Sehnsucht, und ich bitte Gott immer darum, mir Gelegenheit zu geben.“

Die große Zeit des „Renouveau catholique“ ist inzwischen schon lange vorbei. Doch es könnte durchaus eine Bereicherung und ein Gewinn an „Tiefe“ für die Literatur bedeuten, wenn gläubige Dichter in einem gesellschaftlichen und kulturellen Umfeld, das Gott weithin leugnet und einer vordergründigen Immanenz verfallen ist, in ihren Werken den christlichen Faktor wieder einbringen und erneut die Dimension des Glaubens, des Göttlichen und Transzendenten einbeziehen würden – und das offen und ohne falsche Scham. Bernanos und mit ihm viele andere Dichter und Dichterinnen zur Zeit des „Renouveau catholique“ – in und außerhalb des französischen Sprach- und Kulturraums – haben es auf ihre je eigene Weise vorgemacht. Sie waren weit mehr als „Erbauungsschriftsteller“ oder provinzielle Langweiler. Ihre Werke zeugen von einem christlichen Existenzialismus und Humanismus sowie von dem Bemühen, einem vom christlichen Glauben ausgehenden Seinsverständnis und einer christlichen Deutungsweise menschlicher Existenz eine Stimme zu geben.

Anmerkung

[1] Grell und ungeschminkt stellte Elisabeth Langgässer das Böse, Sündhafte und Abgründige in der Welt und im menschlichen Verhalten dar. Dabei diente ihr die negative Zustandsbeschreibung als Demonstration und Voraussetzung für die Erlösungsbedürftigkeit des Menschen, ja der gesamten Schöpfung, und für die Notwendigkeit göttlicher Gnade und göttlichen, in Christus erfolgten Heilsgeschehens. Allerdings, so muss man sagen, war es Langgässer bei ihrem Aufzeigen des in der Welt und im Menschen waltenden Dunklen und Bösen „nicht gegeben, die dem Bösen entgegenstehende Macht des Guten und Heiligen mit ebensolcher Intensität deutlich zu machen und überzeugend darzustellen“ (Wilhelm Grenzmann). Gleiches ließe sich auch zu Francois Mauriac, Julien Green und Graham Greene sagen.

Literatur- und Quellennachweis

Béguin, Albert: Georges Bernanos. Reinbek 1958
Bernanos. Gemilderte Friedhöfe. In: Der Spiegel 43/1959, S.82-84
Bernanos, Georges: Die großen Friedhöfe unter dem Mond. Mallorca und der Spanische Bürgerkrieg. Reinbek 1992
Bernanos, Georges: Unbeugsame Schar. Sein Leben und Denken in Selbstzeugnissen. Mit einem biographischen Nachwort von Oswalt von Nostitz. Zürich 1951
Gordan, Paulus: Freundschaft mit Bernanos. Köln 1959
Grenzmann, Wilhelm: Dichtung und Glaube. Probleme und Gestalten der deutschen Gegenwartsliteratur. Frankfurt 1964, 5., neubearb. Aufl.)
Grenzmann, Wilhelm: Weltdichtung der Gegenwart. Probleme und Gestalten. Bonn 1955
Heist, Walter: Georges Bernanos. In: Christliche Dichter im 20. Jahrhundert. Beiträge zur europäischen Literatur. Herausgegeben von Otto Mann. Bern 1968 (2., veränd. u. erw. Aufl.)
Hermes Handlexikon: Die Klassiker der französischen Literatur (von Elmar Stuckmann). Düsseldorf 1986
Kranz, Gisbert: Europas christliche Literatur 1560-1960. Aschaffenburg 1961
Kühlmann, Wilhelm / Luckscheiter, Roman (Hg.): Moderne und Antimoderne. Der Renouveau catholic und die deutsche Literatur. Freiburg 2008
Neumann, Veit: Die Theologie des Renouveau catholic. Frankfurt/M. 2007
Theisen, Josef: Geschichte der französischen Literatur. Stuttgart 1982

www.steinmannverlag.de

Matthias Hilbert
Gottsucher
Dichter-Bekehrungen im 19. und 20. Jahrhundert
Zwölf Dichterporträts
G. K. Chesterton – Fjodor M. Dostojewski – Graham Greene – Sören Kierkegaard – C. S. Lewis – Alexander Solschenizyn – Leo N. Tolstoi – Carl Zuckmayer – Alfred Döblin – Heinrich Heine – Karl Jakob Hirsch – Franz Werfel
2020. 124 Seiten. Paperback. € 14,80.
ISBN 978-3-927043-78-7

„Der Spötter, der den Spott sein lässt, der Grübler, dem das Geheimnis aufgeht, der Suchende, der sich selbst und der Welt Geheimnis im sterbenden und auferstandenen Gottessohn erfährt – der Weg der Dichter und Denker zum Nazaräer hat so viele Facetten wie die Buntheit menschlichen Lebens. Matthias Hilberts Versuch, diese Suchbewegung nachzuzeichnen, ist – in Methode und Stil – mehr als gelungen."
Urs Buhlmann

„Ein wirklicher Schatz an Fakten über 12 berühmte Dichter der letzten 200 Jahre, die alle auf ganz individuelle Art und Weise zu Christus gefunden haben. Ein Fundus an möglichen Beispielen für Predigten und Andachten, die Menschen zum Glauben einladen. Ein eindrucksvolles Zeugnis über die Kraft der Guten Nachricht im Leben großer Persönlichkeiten ... Matthias Hilbert hat ein absolut lesenswertes Buch geschrieben."
Klaus-Günter Pache

„Hilberts Gottsucher-Buch wird zu einer geistigen Entdeckungsreise – nicht nur für Freunde der Literatur – und damit zu einem einzigartigen Lesevergnügen."
Hans Steinacker

STEINMANN VERLAG

Im *Adlerstein Verlag* sind von Matthias Hilbert folgende Buchtitel erschienen:

Unvergessene Pastoren und Evangelisten
Sechs Lebensbilder

Fritz Binde – Wilhelm Busch – Paul Deitenbeck – Heinrich Kemner – Friedrich Sondheimer – Corrie ten Boom

Ostfrieslands leidenschaftliche Pastoren
Sieben Pastorenporträts

Hans Bruns – Gerrit Herlyn– Remmer Janßen – Franz Klüsner – Heinrich Oltmann – Carl Octavius Voget – Harm Willms

Außergewöhnliche Gottesboten in Ostfriesland
Vier Lebensbilder

Liudger – Johannes a Lasco – Menno Simons – Karl Immer

Im Calwer Verlag Stuttgart ist von Matthias Hilbert erschienen:

Hermann Hesse und sein Elternhaus – Zwischen Rebellion und Liebe
ISBN: 978-37 66 83 97 25

In der edition chrismon Leipzig ist von Matthias Hilbert erschienen:

Fromme Eltern – unfromme Kinder?
Lebensgeschichten großer Zweifler
Heinz Horst Deichmann – Friedrich Dürrenmatt – Friedrich Engels – Gudrun Ensslin – Vincent van Gogh – Julien Green – John Grisham – Hermann Hesse
ISBN: 978-39 60 38 04 50